Ana Blandiana
Die vier Jahreszeiten

Ana Blandiana

Die vier Jahreszeiten

Herausgegeben von Katharina Kilzer und
Helmut Müller-Enbergs

Übersetzt von Maria Herlo und Katharina Kilzer

EDITION
Noack & Block

Umschlagabbildung: Marion Schullerus „Sonnenaufgang“ (Öl auf Leinwand)

Diese Publikation wurde ermöglicht durch die großzügige Unterstützung des Rumänischen Kulturinstituts, Bukarest (Institutul Cultural Român, Bucureşti).

NATIONAL BOOK CENTRE ROMANIAN CULTURAL INSTITUTE

Originalausgabe: Cele patru anotimpuri, Bukarest, Editura Albatros 1977

ISBN 978-3-86813-027-0

Herstellung durch Frank & Timme GmbH,
Wittelsbacherstraße 27a, 10707 Berlin.
Gedruckt auf säurefreiem, alterungsbeständigem Papier.

www.noack-block.de

Für Conny

Das Leid ist die einzige universelle Sprache, die es ermöglicht, dass Menschen sich verstehen und jeder sich selbst am besten begreifen kann.

Deswegen widme ich ihr die deutsche Ausgabe dieses Buches, das aus Leid geboren und durch ihr Leid gezeichnet ist.

Ana Blandiana

Inhaltsverzeichnis

Maria Herlo, Katharina Kilzer und
Helmut Müller-Enbergs

Einleitung

Das Buch „Die vier Jahreszeiten" von Ana Blandiana erschien am 2. Juni 1977 in einer Auflage von siebzehntausend Exemplaren im Bukarester Albatros-Verlag. Der Titel verspricht listig etwas, was das Buch in Wirklichkeit nicht ist: eine Naturbeschreibung. Und man ahnt: Darin schlummert dissidentisches Potenzial. Ana Blandiana war bereits einmal als Autorin in Rumänien verboten, bevor dieser phantastische Prosaband zusammen mit ihrem vierten Gedichtband „Somnul din somn" (Schlaf aus dem Schlaf)[1] im selben Jahr erschien. Da die Lage für Schriftsteller und Künstler schwierig war, da Zensur und Überwachung der Autoren auf der Tagesordnung der kommunistischen Diktatur standen, konnte Unaussprechliches nur noch angedeutet werden. Das Unheil war in Lyrik und Prosa vieler Autoren spürbar, lesbar nur zwischen den Zeilen. Ana Blandiana hat zwischen 1963 und 1973 auf der Titelseite der Wochenzeitschrift *Contemporanul* (Die Gegenwart)[2] zeit- und gesellschaftskritische Glossen veröffentlicht. Diese, wie auch ihre Gedichte, machten sie zu einer der bekanntesten Intellektuellen Rumäniens und begründeten ihren Ruf als moralische Autorität.

1 Vgl. Ana Blandiana: Somnul din somn. Bukarest 1977.

2 *Contemporanul* ist eine literarische Monatszeitschrift mit Sitz in Bukarest. Sie erschien zuerst in Jassy (Iași) von 1881 bis 1891, danach in Bukarest von 1922 bis 1932 und von 1946 an bis heute; vgl. Marian Popa: Dicționar de literatură română contemporană. Bukarest 1977.

Der hier vorgelegte Prosaband ihres Frühwerks kann als Widerstand gegen Personenkult und Terror des Kommunismus verstanden werden. In den vier Novellen macht sie die Ceaușescu-Tyrannei kenntlich: die Zwänge des Alltags, die sozialen Nöte und die eigenen Ängste. Das Besondere daran ist jedoch, dass die Situation nie ausweglos ist, alle Erzählungen enden in einer befreienden Vision. Eine große Rolle spielt dabei die Phantastik, die sich wie ein roter Faden durch die Geschichten zieht. In einem Interview sagte Ana Blandiana 1977, dass sie diesen Prosaband als ihren besten betrachte, nicht nur, weil er für ihre eigene Entwicklung bedeutsam sei, sondern weil er sich zudem zwischen Realität und Irrealität bewege, zwischen Prosa und Poesie. In dieser Ambiguität liege die Ausdruckskraft der Texte. Der Band konnte anfangs nicht in Druck gehen wegen angeblicher „antisozialer Tendenzen", erschien jedoch durch die Vermittlung kluger und gleichzeitig gewiefter Lektoren und Verleger trotzdem.[3]

Die Phantastik Ana Blandianas entwirft keine exotischen Szenarien, sie entspringt der Wirklichkeit, den Dingen des Alltags, die vertraut und zugänglich sind, in denen sich die Autorin und ihre Protagonisten bewegen. Das Vertraute, die Natur, Personen und Dinge verwandeln sich allmählich in eine fremde, irreale Welt. Immer ist auch das Surreale dieser Welten spürbar: Die unheilvolle Ahnung, wenn sie im Winter eine Kapelle mit Schmetterlingen betritt, in der es im Inneren schneit, oder wenn sie im Herbst auf der Suche nach einem Bücherdepot auf ein Lager mit verbotenen Büchern stößt, das von einer komischen Alten bewacht wird; wenn sie an einem heißen Sommertag zusieht, wie eine Stadt schmilzt und im Meer versinkt, oder wenn sie auf einer Frühlingswiese Kindsköpfe sprechen hört, die aus Blumen wachsen …

3 Vgl. Interview von George Arion mit Ana Blandiana in *Flacăra* vom 10.11.1977; vgl. Ana Blandiana: Cine sunt eu? (Un sfert de secol de întrebări). Cluj 2001, S. 7–11.

Diese Beschreibungen scheinen exotisch, sind es aber nicht. Sie erzählen von wundersamen Erlebnissen einer ahnungslosen Stadt- und Landstreunerin – aus einem unverstellten Blickwinkel betrachtet. Der Blick ist eindringlich, er trügt aber nicht.

Blandiana gelingt es, klamme Atmosphären zu beschreiben, aus denen es zu fliehen gilt. Wo kommt das Unheil her? In phantasievollen Landschaftsbeschreibungen und philosophischen Weltbetrachtungen suchen die Autorin wie ihr Alter Ego einen Ausweg aus einer Situation, aus der sie scheinbar nicht entkommen kann. Es wäre anmutend, in dieser atmosphärischen Beklemmung jenes Rumänien Ende der siebziger Jahren zu erkennen, und doch widerspiegelt es sich darin. Die Erlebnisse der übermütigen Figuren, die von Jahreszeit zu Jahreszeit ziehen und auf ihren Irrfahrten immer wieder aus den realen Begebenheiten in Phantasiewelten flüchten, sind faszinierend.

Das Buch „Die vier Jahreszeiten“ ist immer wieder lesenswert und begeistert wegen seiner wundersamen Geschichten. Was erstaunt, ist ihre Aktualität. Eine Übertragung ins Deutsche scheint wegen der Allgemeingültigkeit der Texte wie auch der Bedeutung der Autorin in der rumänischen Literatur angebracht. Es ging nicht nur darum, eine Sprache in eine andere Sprache zu übertragen, sondern die „materiell sinnlichen Qualitäten“[4] der Texte wiederzugeben. Die aushebenden, langen Beschreibungen der Ausgangssituationen in den Novellen wurden in der Übertragung der Texte beibehalten, um die atmosphärische Schilderung, die ihre Erzählungen ausmachen, auch im Deutschen zu bewahren, obwohl es manchmal schwer fiel, die fast seitenfüllenden Sätze zu gliedern. Die Spannung, die mithilfe dieser langen Sätze aufgebaut wird, weiß die Autorin am Ende ins Heitere zu wenden. Die Phantastik löst sich auf. Die zahlreichen Redewendungen oder Satzgefüge mit schwe-

4 Vgl. Hans Gauger: Über Sprache und Stil. Sprache als Übersetzung. München 1995, S. 176.

bendem Ende, die mit ihrer Mehrdeutigkeit dem Erzählten eine Aura des Geheimnisvollen verleihen, suchten Entsprechungen in der deutschen Sprache. Gleichzeitig ging es darum, die Stimmigkeit des Originals zu erhalten.

Die Erzählungen Ana Blandianas faszinieren nicht nur, weil sie die Widersprüchlichkeiten aus der Zeit der Ceauşescu-Diktatur herausstreichen, sondern durch Zeitlosigkeit und Allgemeingültigkeit. Die „Vier Jahreszeiten" ist 2011 in Spanien[5] und 2013 in Frankreich[6] erschienen. In Spanien war das Buch auf der Bestsellerliste; es gehörte zu den zehn besten Büchern des Jahres 2011.[7]

Literatur findet stets in einem politischen Raum statt, der – um sie zu verstehen – abzustecken ist. Folglich ist der Kontext Rumäniens im Jahre 1977 auszuleuchten, um zu erahnen, unter welchen Bedingungen das Schreiben in Ceauşescus Welt aussah. Einzelne Aspekte werden einleitend von Helmut Müller-Enbergs aufgegriffen. Die Übersetzung der „Vier Jahreszeiten" aus dem Rumänischen nahmen Maria Herlo und Katharina Kilzer vor. Als erhellend erweist sich die literarische Analyse der Novellen Blandianas, die von der Professorin für Amerikanische Literatur der University Salamanca, Viorica Patea, vorgenommen wurde. Sie ist der spanischen Version „Las cuatro estaciones" vorangestellt,[8] die in diesem Band auszugsweise in der Übertragung aus dem Rumänischen von Maria

5 Vgl. Ana Blandiana: Las cuatro estaciones. Übersetzung von Viorica Patea und Fernando Sánchez Miret. Periferica 2011.

6 Vgl. Ana Blandiana: Les Saisons. Le Visage Vert. Nouvelles. Übersetzung von Muriel Jollis-Dimitriu. Paris 2013.

7 Vgl. Lo mejor de 2011. Libros, in: *Koult* vom 21.12.2011. In dem spanischen Literaturmagazin wird Ana Blandianas Buch „Las cuatro estaciones" mit dem zweiten Platz der besten 10 Bücher ausgewiesen – nach „Tierra Inalcanzable. Antología poética" (Barcelona 2011) des Dichters Czesław Miłosz (1911–2004).

8 Vgl. Viorica Patea, in: Blandiana: Cuatro estaciones (Anm. 5), S. 4–6.

Herlo und Katharina Kilzer wiedergegeben wird und dankenswerterweise abgedruckt werden darf. Dieser Band könnte nicht ohne die Unterstützung des Rumänischen Kulturinstituts in Bukarest erscheinen, das freundlicherweise die Übersetzungsarbeit gefördert hat.

Heidelberg, Odense und Wiesbaden, Juni 2015

Helmut Müller-Enbergs

Schreiben in Ceaușescus Welt des Jahres 1977

Vielfach heißt es, das China Mao Zedongs (1893–1976) habe Nicolae Ceaușescu (1918–1989) beeindruckt.[1] Der ein Vierteljahrhundert jüngere rumänische Staatsmann war im Juni 1971 in die im europäischen sozialistischen Lager seit Jahren verpönte asiatische Volksrepublik gereist, in dem der „große Steuermann", wie er genannt wurde, seine Herrschaft in der Kommunistischen Partei Chinas wie im Land selbst mit einer schonungslosen „Proletarischen Kulturrevolution" durchzusetzen versuchte. Dabei handelte es sich um keine Kleinigkeit. Die chinesische Parteizeitung „Rote Fahne" vermerkte nichts Geringeres als: „Die Große Proletarische Kulturrevolution ist eine Revolution, die die Seelen der Menschen erfasst hat. Sie trifft die grundsätzliche politische Position der Menschen, bestimmt ihre Weltanschauung, bestimmt den Weg, den sie bereits gegangen sind oder noch gehen werden, und erfasst die gesamte Revolutionsgeschichte Chinas. Dies ist die größte, in der Geschichte der Menschheit noch nie dagewesene, Umwälzung der Gesellschaft. Sie wird eine ganze Generation von standhaften Kommunisten heranbilden."[2] Bald zwei Drittel der Funktionäre im

1 Vgl. Thomas Kunze: Nicolae Ceaușescu. Eine Biographie. Berlin 2009, S. 188.

2 Yao Wenyuan, in: Rote Fahne (1967)1, S. 36; zitiert nach Changshan Li: Die chinesische Kulturrevolution (1966–1976) im Spiegel der deutschen und chinesischen wissenschaftlichen Literatur (1966–2008). Bonn 2010, S. 99.

Politbüro, im Zentralkomitee, aber auch in den Provinzen verloren ihre Ämter. Dazu kam die Zerstörung kultureller Traditionen, die Demütigungen, Verfolgungen und Schikanen in der Gesellschaft[3] – die Diktatur des Diktators. Das Modell gefiel dem 53 Jahre alten Ceauşescu offenkundig.

Am 6. Juli 1971 verkündete der Generalsekretär den Mitgliedern des Politischen Exekutivkomitees seine chinesisch eingefärbten Thesen. Die „Kulturrevolution", die er nunmehr anstrebte und die das Klima der siebziger Jahre Rumäniens prägen sollte[4], war die gewollte Tilgung des künstlerischen und kulturellen Lebens. Laienkultur erhielt fortan den Vorzug. Das staatliche Komitee für Kultur und Kunst gelangte nun direkt unter die Fittiche des Zentralkomitees. Möglichst in alle Ganglien der rumänischen Kultur hatte fortan die „politisch-ideologische Arbeit" zu sickern, die künstlerische Freiheit hatte in das marxistisch-leninistische Bett gesperrt zu werden, und es galt die stalinsche Parole vom „Kampf gegen den Kosmopolitismus".[5] Den lauen politischen Frühling der sechziger Jahre überführte er straff in einen eisigen rumänischen Winter: „Liberalistischen, kleinbürgerlichen und anarchistischen Auffassungen" sagte er den Kampf an.[6] Was gestern noch galt, war nun Geschichte. Gestern gab es noch, wie „Der Spiegel" das Publikum wissen ließ: „Bukarester Bühnen spielten West-Dramatiker wie

3 Vgl. Tomas Plänkers (Hrsg.): Chinesische Seelenlandschaften. Die Gegenwart der Kulturrevolution (1966–1976). Göttingen 2010.

4 Zum Wandel vgl. Sarah Langer: Zwischen Bohème und Dissidenz. Die Aktionsgruppe Banat und ihre Autoren in der rumänischen Diktatur. Chemnitz 2010, S. 18–30.

5 Vgl. Ulrich Weißgerber: Giftige Worte der SED-Diktatur. Sprache als Instrument von Machtausübung und Ausgrenzung in der SBZ und der DDR. Münster 2010, S. 181–184.

6 Vgl. Kunze: Ceauşescu (Anm. 1), S. 190; ferner György Dalos: Der Vorhang geht auf. Das Ende der Diktaturen in Osteuropa. München 2010, S. 205–238.

Sartre, Miller, Osborne und sogar den exilrumänischen Autor des absurden Theaters Ionesco; rumänische Verlage druckten Bücher von Kafka, Proust und Joyce. Filmtheater und Fernsehen zeigten die neuesten Produktionen von Fellini und Antonioni manchmal noch eher als die westliche Provinz. Ein Gastspiel Louis Armstrongs inspirierte 1966 zur Gründung eines Lehrstuhls für Jazz-Musik am Bukarester Konservatorium."[7] Da war Ana Blandiana (*1942) 24 Jahre alt, sie hatte zwei Jahre zuvor noch die „Erste Person Plural" (Persoana întâia plural) veröffentlicht, in dem Jahr noch den Gedichtband „Achillesferse" (Călcâiul vulnerabil) und drei Jahre später das „Dritte Sakrament" (A treia taină). Sie studierte noch Philologie in Klausenburg, schloss das Studium 1967 ab. Als sie Redakteurin bei den Zeitschriften „Studentenleben" (Viaţa Studenţească) und dann „Amphitheater" (Amfiteatru) war, wurde sie von der Eiszeit nach dem Juli 1971 erwischt.[8] Die Zensur hieß fortan freilich nicht wie im Chinesischen „Kulturrevolution", sondern poetisch schlicht „Anheben des ideologischen Bewusstseins in der vielseitig entwickelten sozialistischen Gesellschaft".[9] In diesem Klima verfasste sie ihren nächsten, 1972 erschienenen Gedichtband, der – wer verstehen wollte – den vielsagenden Titel „Oktober, November, Dezember" (Octombrie, Noiembrie, Decembrie) trägt.

Vorbei war die Zeit des Aufbruchs, die begonnen hatte, als Ceauşescu am 22. März 1965 als langjähriger Funktionär die Nominierung zum 1. Sekretär des Zentralkomitees der rumänischen Arbeiterpartei „Partidul Muncitorilor din România" (PMR) erhielt, zu dem er von der Partei vier Monate später erwartungsgemäß gewählt wurde. Damals nahm die Partei die Verbundenheit zum

7 Vgl. Rumänien. Stumpfer Kampfgeist, in: Der Spiegel (1971) 47, S. 132–137, hier 132.

8 Hinsichtlich der biografischen Angaben vgl. Ana Blandiana: Fals tratat de manipulare. Bukarest 2014.

9 Vgl. Antje Windgassen: Im Bund mit der Macht. Die Frauen der Diktatoren. Frankfurt/Main 2002, S. 136.

Kommunismus in den Namen auf. Sie hieß fortan „Partidul Comunist Român" (PCR). Zwei Jahre später schon, am 9. Dezember 1967, übertrug ihm die Partei den Vorsitz im Staatsrat, womit die langjährige Ämtertrennung aufgehoben und Ceauşescu zugleich Oberbefehlshaber der rumänischen Streitkräfte wurde. Die Macht über den Staat lag nun in einer, in seiner Hand. Es folgte schließlich 1974/75 zudem der Status des Staatspräsidenten. Es fehlte allein noch eine geeignete Bezeichnung für ihn, die das alles vereinte. Sie lautete Conducător, was im Deutschen mit Führer zu übersetzen wäre. Den Schriftstellern, Dichtern und Lyrikern fiel die Aufgabe zu, dessen Aura literarisch auszudrücken, und deren dramatischste Form „Sohn der Sonne" lautete.[10] Das war die Konstellation, bevor Ana Blandiana ihre „Vier Jahreszeiten" aufsetzte. Und welche Handlungsoptionen gab es für die Intelligenzija? Die bequemste Variante war die Unterwerfung, Anpassung und der Opportunismus; die interessiert im Weiteren nicht.

1

Auf Rumänien lag ein Schleier der Angst, was vielfach zu illustrieren wäre. Besonders anschaulich aber wird der Wunsch, dem zu entfliehen am Beispiel der rumänischen Geheimpolizei, dem Departamentul Securităţii Statului, und deren Generalleutnant Ion Mihai Pacepa (*1928). Er war seit 1972 Stellvertreter des Leiters des rumänischen Auslandsnachrichtendienstes „Departamentul de Informatii Externe", zugleich Berater Nicolae Ceauşescus in Sicherheitsfragen und Staatssekretär im rumänischen Innenministerium. Bei einer Dienstreise des damals 49 Jahre alten Politikers nach Bonn, er sollte Bundeskanzler Helmut Schmidt (*1918) eine Nachricht überbringen, bat er am 28. Juli 1978 um Asyl in den Ver-

10 Kunze: Ceauşescu (Anm. 1), S. 273.

einigten Staaten von Amerika.[11] Pacepa war mithin der ranghöchste Überläufer während des Kalten Krieges aus Osteuropa. In der Folge packte er aus und – wie es später aus Rumänien hieß – trug damit „zur Entlarvung des verbrecherischen Wesens der kommunistischen Diktatur in Rumänien" bei.[12]

Das geschah ein Jahr, nachdem das Manuskript Blandianas auf einem Schreibtisch eines Bukarester Staatsverlagshauses lag, das hier nun in deutscher Sprache erscheint. Und erstaunlicherweise das Erdbeben vom 4. März 1977 überstand, während das Gebäude selbst einstürzte. Das Beben hatte mehr als 1000 Tote und 10 000 Verletzte sowie mehr als 30 000 eingestürzte Gebäude und ebenso viele obdachlose Familien zur Folge.[13] Das spülte Millionen Dollar aus Ost wie West ins Land.[14]

11 Vgl. Ion Mihai Pacepa: Red Horisons. Chronicles of a Communist Spy Chief. Washington D. C. 1987.

12 Karl-Peter Schwarz: Rumänischer Offizier Pacepa. Der Kronzeuge soll verstummen, in: *Frankfurter Allgemeine Zeitung* vom 16.11.2013.

13 Zur zeitgenössischen Berichterstattung über das Beben vgl. Schicksalsschlag, in: *Frankfurter Allgemeine Zeitung* vom 7.3.1977, S. 1; Nur das Beben von 1940 war in der Vrancea-Zone noch etwas stärker. Damals 7,3 der Richter-Skala, diesmal Stärke 7,2. Herd in großer Tiefe. Wissenschaftler: Heftiges Nachbeben nicht zu befürchten, in: ebenda vom 7.3.1977, S. 7; Viktor Meier: Das Erdbeben ist für das Land eine nationale Katastrophe. Auch Sachschaden weit größer als bei den Fluten, in: ebenda vom 10.3.1977, S. 7; Noch immer leben Verschüttete unter den Trümmern. Nach mehr als fünf Tagen gerettet. Rumänen sehen keine Anzeichen für neuen schweren Erdstoß, in: ebenda vom 11.3.1977, S. 7; Bilanz des Erdbebens in Rumänien, in: ebenda vom 29.3.1977, S. 8.

14 Vgl. Viktor Meier: Aus 61 Ländern Erdbebenhilfe für Rumänien. Sozialistische und nichtsozialistische Staaten im Vergleich, in: *Frankfurter Allgemeine Zeitung* vom 12.4.1977, S. 8. Die Berichterstattung Viktor Meiers stellt auch im Rückblick eine bemerkenswert präzise Konturierung der Politik und Probleme auch im Jahre 1977 dar, weshalb sie als wichtiges Hilfsmittel herangezogen wurde, um die Spannung eben dieses Jahres zu rekonstruieren.

Was Pacepa mitzuteilen wusste, passte in dieser Phase nicht in das politische Kalkül des Westens. Seine Erinnerungen erschienen erst neun Jahre später in Washington. Der Grund scheint offenkundig: Rumänien bot aus westlicher Sicht einen Anfasser, um in die monolithisch wirkende Welt des sozialistischen Europas Risse zu treiben.[15]

Die politischen Lockerungsübungen gegenüber der sowjetischen Führungsmacht, die auf das Publikum auch des Westens schielte und die Ceauşescu suggerierte, bedeuteten im Inneren Rumäniens die straffe Führung. Um ein Beispiel anzuführen: Im März 1977 empfahl er die engere Zusammenarbeit mit der Europäischen Gemeinschaft (EG), um die Entspannung zwischen Ost und West zu verbessern, zumal sich die EG als historisch etablierte „Realität" entwickelt habe, wie er konstatierte.[16]

2

Wer gegen die Diktatur offen aufbegehrte, musste sich auf die Repressionen der Geheimpolizei gefasst machen und letztlich auf das Exil. So erging es Paul Goma (*1935). Als Schüler erlebte er in Hermannstadt (Sibiu) eine einwöchige Haft, da er Sympathien mit dem Widerstand in Rumänien gehegt haben soll. Während des Studiums

15 Zu Ion Pacepa vgl. Dennis Deletant: Ceauşescu and the Securitate. Coercion and Dissent in Romania. 1965–1989. New York 1995; Jefferson Adams: Strategic Intelligence in the Cold War and Beyond. The Making of the Contemporary World. London/New York 2014, S. 61; Ion Mihai Pacepa: Moştenirea Kremlinului. Rolul spionajului în sistemul comunist de guvernare. Bukarest 2014; Nigel West: Historical Dictionary of International Intelligence. Lanham 2015, S. 259; Arch Puddington: Broadcasting Freedom. The Cold War Triumph of Radio Free Europe and Radio Liberty. Lexington 2015, S. 240 f.

16 Vgl. Rumänien für engere Zusammenarbeit mit der EG, in: *Frankfurter Allgemeine Zeitung* vom 28.3.1977, S. 2.

zählte er zu den zentralen Personen der Bukarester Studentenbewegung, die mit dem Aufbegehren in Ungarn 1956 sympathisierten. Die Folgen waren Haft und Hausarrest. Bald zehn Jahre später nahm er wieder das Studium auf, das er, kaum begonnen, auf Druck wieder aufgeben musste. Seine Solidarität galt dem Prager Frühling. Sein auch bei Suhrkamp erschienener Roman mit dem treffenden Titel „Ostinato" (übertragen heißt es eigensinniger Rhythmus) durfte in Rumänien nicht erscheinen, ging aber in der Bundesrepublik Deutschland in Druck.[17] Und dann kam das Jahr 1977, das ihm den Ausschluss aus dem rumänischen Schriftstellerverband und im November dann das Exil in Frankreich einbrachte.[18]

Mit anderen zusammen hatte Paul Goma für eine internationale Konferenz zur „Verteidigung der Menschenrechte" in einem offenen Brief geworben, der an die Teilnehmer der im Juni 1977 beginnenden Folgekonferenz über Sicherheit und Zusammenarbeit in Europa gerichtet war. „Unabhängig davon, welche der Teilnehmerstaaten es auch sein mögen, in denen menschenfeindliche Handlungen begangen werden, protestieren wir gegen alle Formen psychischer, moralischer und intellektueller Unterdrückung in politischen Gefängnissen, Lagern, sogenannten psychischen Krankenhäusern, in neuen oder alten Gulags (Straflagern), bei denen mit Gewalt und Lüge die Begriffe Freiheit und Würde mit Füßen getreten werden", hieß es unmissverständlich.[19] Deutlich war die Rede

17 Paul Goma: Ostinato. Roman. Deutsch von Marie Thérèse Kerschbaumer. Frankfurt/Main 1971.

18 Zu Paul Goma vgl. Daniela Olărescu: Die Rezeption der rumänischen Literatur in Deutschland zwischen 1945 und 1989. Frankfurt/Main 2008; Cristina Petrescu: The Afterlife of the Securitate. On Moral Correctness in Postcommunist Romania, in: Maria Todorova, Augusta Dimou und Stefan Troebst (Hrsg.): Remembering Communism. Private and Public Recollections of Lived Experience in Southeast Europa. Budapest 2014, S. 385–416, hier 396 f.; Nicolae Breban: Spiritul românesc în faţa unei dictaturi. Bukarest 2014.

19 Zitiert nach Gipfelkonferenz über Menschenrechte gefordert. „Offe-

von „zeitgenössischen Diktaturen“, wonach in Rumänien weder die Rede- und Pressefreiheit, die Gewissensfreiheit, die Unantastbarkeit der Person noch das Brief- und Telefongeheimnis geachtet würden. „Überall in der Welt wird von Würde und Freiheit gesprochen. Aber wie viele Menschen in den Ländern, wo es Freiheit und Menschenwürde wirklich gibt, wissen, dass es Staaten gibt, in denen die Menschen lebenslänglich an die Erde gebunden sind, auf der sie geboren wurden?“, hieß es, und weiter: „Wie viele Menschen wissen, dass [...] es noch Plätze auf der Welt gibt, wo Überzeugungen mit Gewalt aufgezwungen werden? Wir betrachten es als unzulässig, dass das Prinzip der Nichteinmischung in die inneren Angelegenheiten auf die Menschenrechte ausgedehnt wird.“[20] An diesen Feststellungen wird auch heute noch kein Abstrich erforderlich sein. Nur: In der Konsequenz hatte sich Paul Goma mit diesen erfrischend klaren und mutigen Worten im Weiteren der Möglichkeit beraubt, im Inneren der Diktatur zu wirken. Aufrechter Gang führte letzthin dazu, zunächst inhaftiert zu werden,[21] und dann von außen, freilich weniger wirkungsmächtig, die Diktatur zu geißeln. Und auch zu einer ehrabschneidenden Diffamierung, wie sie Ceauşescu exemplarisch im Februar 1977 vornahm, als er über die „inneren Dissidenten“ ausführte: „Man kann immer Leute finden, welche die elementaren Normen der sozialen Koexistenz überschreiten, ohne zu arbeiten, leben wollen, verräterische Akte betreiben und sogar das eigene Volk verraten wollen“.[22]

ner Brief“ einer rumänischen Bürgerrechtsgruppe. Protest gegen alle Formen der Unterdrückung, in: *Frankfurter Allgemeine Zeitung* vom 15.2.1977, S. 2.

20 Ebenda.

21 Vgl. Viktor Meier: Der rumänische Schriftsteller Goma seit längerem in Haft. Dem Bürgerrechtler droht jetzt ein Prozess. Visumanträge künftig nur noch über örtliche Polizeistellen, in: *Frankfurter Allgemeine Zeitung* vom 25.4.1977, S. 2.

22 Zitiert nach Viktor Meier: Ceauşescu greift rumänische Regime-

Das galt nicht allein Paul Goma, sondern auch der Malerin Carmen Maria Maniolu, die zu seinem Umfeld gehörte, und deren Name im kollektiven Gedächtnis heute kaum noch präsent ist. Sie war eine der Köpfe der rumänischen Bürgerrechtsgruppe und im März 1977 in Paris eingetroffen, während sie in Rumänien den Herrschenden als „großbürgerliches Bankierskind" oder „gesellschaftlicher Parasit" galt. Bereits im September 1974 hatte sie die Ausreise aus Rumänien begehrt und in einem Schreiben begründet, das im Sender „Freies Europa" verlesen wurde. Sie hatte auf psychiatrische Anstalten in Bukarest, Kronstadt (Braşov) und in der Nähe von Temeswar (Timişoara) aufmerksam gemacht, in denen „Oppositionelle" und „Dissidenten" nach sowjetischem Vorbild „gebessert" werden würden. Insbesondere habe sich die Situation der Künstler und Schriftsteller gerade in den letzten Monaten erheblich verschlechtert.[23] Den Vorhalt, „Dissidenten" in rumänischen Heilanstalten festzuhalten, machte auch Goma.[24]

Mit Blick darauf mag die Naivität in der Bundesrepublik irritieren, die manch ein bundesdeutscher Intellektueller zelebrierte, wenn er sich in Rumänien nach der Literatur erkundigte. Dies mag der Bericht des deutschen Schriftstellers Hans Jürgen Fröhlich (1932–1986)[25] belegen, der in jenen Wochen „eine Reise durch Rumänien" machte.[26] In Bukarest sprach er – im Haus des deutschen

kritiker und Emigranten an. Die Behörden bieten Dissidenten Ausreisegenehmigungen an. Kein Verständnis für „Volksfeinde", in: *Frankfurter Allgemeine Zeitung* vom 19.2.1977, S. 2.

23 Bürgerrechtlerin klagt Bukarest an. Auch rumänische Dissidenten in psychiatrischen Kliniken?, in: *Frankfurter Allgemeine Zeitung* vom 4.3.1977, S. 2.

24 Vgl. Goma: Auch rumänische Dissidenten in Heilanstalten, in: *Frankfurter Allgemeine Zeitung* vom 17.3.1977, S. 1.

25 Zur Person vgl. Gero von Wilpert: Lexikon der Weltliteratur. Stuttgart 1988, Bd. 1, S. 496.

26 Vgl. Hans J. Fröhlich: Keine Parallelen hinter Moravita. Eine Reise

Botschafters und Schriftstellers Erwin Wickert (1915–2008)[27] – den mit dem Herder-Preis ausgezeichneten Lyriker Nichita Stănescu (1933–1983),[28] Verleger, Germanisten, Redakteure und Schriftsteller, „mit denen wir uns einen Abend und eine lange Nacht hindurch unterhalten haben. Unsere große Verlegenheit, dass wir so gut wie nichts von der rumänischen Literatur kannten (einige Gedichte von Eminescu, einige Verse von Blaga, wenige Essays von Eliade; allerdings Tzara und Ionesco), wurde noch größer, als sich herausstellte, dass die rumänischen Kollegen so ziemlich die gesamte deutschsprachige Literatur kannten, von den Minnesängern bis zu Hans Carl Artmann und Peter Rühmkorf. Woran liegt es, fragte mich ein Verlagsdirektor und Mitglied des Zentralkomitees, dass die rumänische Literatur in der Bundesrepublik so wenig bekannt ist? Es beruhigte ihn wenig, als ich erwiderte, dass auch andere Literaturen – beispielsweise die italienische – nicht gebührend bekannt seien. Worauf ich den mangelnden Kontakt anführte: auf großen Literaturveranstaltungen in Westdeutschland habe man in vergangenen Jahren oft polnische, tschechische, ungarische oder sowjetische Autoren kennenlernen können, kaum je einen rumänischen. Ja, das stimme mehr oder weniger, sagte er, und das müsse anders werden – in Zukunft."[29]

Es interessiert weniger die Propagandablase, die Fröhlich treuherzig referiert, als vielmehr das, was er weiß: Mihai Eminescu (1850–1889) war einer der bedeutendsten rumänischen Dichter, Lucian Blaga (1895–1961) fristete als Dichter und Philosoph seine

durch Rumänien, in: *Frankfurter Allgemeine Zeitung*/Bilder und Zeiten vom 26.2.1977, S. 1.

27 Zur Person vgl. Walther Killy: Literaturlexikon. Autoren und Werke deutscher Sprache. Gütersloh 1988–1991.

28 Zur Person vgl. Corin Braga: Nichita Stănescu. Orizontul imaginar. Cluj 2002; Mircea Bârsilă: Introducere în poetica lui Nichita Stănescu. Piteşti 2006.

29 Fröhlich: Parallelen (Anm. 20).

letzten Berufsjahre als Bibliothekar in der Zweigstelle der Akademiebibliothek in Klausenburg, und der Schriftsteller Mircea Eliade (1907–1986) lebte seit 1945 im Ausland, zuletzt in Chicago. Gleichfalls im Ausland lebten der Dichter Tristan Tzara (1896–1963) und der Dramatiker Eugène Ionesco (1909–1994). In einem Satz: Die von Fröhlich angeführten Helden waren entweder (regelmäßig) bereits seit langer Zeit verstorben oder lebten im Ausland. Schriftsteller des Jahres 1977 (abgesehen nun von Stănescu) mochte er ebenso wenig Namen geben wie der „Kulturrevolution" oder gar den Bedingungen des Schreibens in Ceauşescus Welt. Das scheint sich ihm nicht erschlossen zu haben, was als Indiz dafür gelten mag, wie gering die Empathie in den Tagen für rumänische Schriftsteller gewesen sein muss, die dem Conducător nicht zu Diensten zu sein wünschten. Dabei spürte er den Odem der Geheimpolizei, denn Fröhlich schrieb durchaus: „Als sich beim Abendessen mit einem Schriftsteller plötzlich ein junger Mann zu uns an den Tisch setzte, der Deutsch verstand, aber kein Wort sprach, wurde ich unsicher. Ich fühlte mich beobachtet und fing an, mich selber zu beobachten. Mich juckte das Ohrläppchen, aber ich wagte nicht, mich zu kratzen, weil ich befürchtete, der ‚Aufpasser' (falls er einer war) könne glauben, das sei ein zwischen mir und dem Autor verabredetes Zeichen, das Thema zu wechseln. Das Gespräch geriet ins Stocken, und die Exkurse des ortsansässigen Schriftstellers ins Historische waren nicht das, was wir hören wollten. Ich weiß nicht, ob mein Verdacht begründet war. Aber die Tatsache, dass ein solcher Verdacht unser weiteres Verhalten spürbar beeinflusst hat, lässt einen nach den psychischen und somatischen Folgen fragen bei Leuten, die sich permanent beobachtet fühlen, weil sie meist beobachtet werden."[30] Wenn schon das gesprochene Wort eine Last darstellen konnte, wie musste es sich dann bei dem geschriebenen oder gar gedruckten verhalten?

30 Ebenda.

3

Dem vom Conducător ausgehenden Formationsdruck nach Auswanderung versuchte dieser selbst sogleich einen Riegel vorzuschieben. Anlässlich einer Konferenz in Folge des Erdbebens nutzte er die Gelegenheit, zu solchen Bestrebungen grundsätzlich Stellung zu nehmen. Das Recht, ein Land - auch Rumänien - zu verlassen, stellte aus seiner Perspektive eine ernst zu nehmende Einmischung in die inneren Angelegenheiten dar. Familienzusammenführungen begrüße er zwar, aber: Einer Emigration versperre er sich. „Weit entfernt davon, eine humanitäre Frage zu sein, ist das Problem der Emigration ein politisches für jede Nation und für die zwischenstaatlichen Beziehungen", erklärte er. Mehr noch wertete er Aufforderungen zur Emigration als „unfreundlichen Akt".[31] Das berührte nicht allein Künstler, sondern auch die Minderheiten Rumäniens, was wiederum die Herrschenden veranlasste, entsprechende Ergebenheitsadressen einzusammeln. Folglich verbreitete die rumänische Nachrichtenagentur gern Stimmen der in Rumänien lebenden Deutschen wie Ungarn, die dergleichen ablehnten.[32] In dieses Konglomerat an Sehnsüchten werden Christen zu berücksichtigen sein.

Wer, wie manch ein bekennender Christ, sich dennoch rührte, musste mit Haft rechnen. Ostersonntag 1977 heißt es, seien sechs Christen, darunter drei Geistliche, inhaftiert worden, weil sie sich in einer Erklärung wegen der Verfolgung von Christen an die Öffentlichkeit gewandt haben. Zuvor habe es mehrstündige Verhöre und auch Schläge wie gegen den Baptisten Pavel I. Nicolescu (*1936) gegeben. Es gab Anhaltspunkte, dass diese Repressivwelle insge-

31 Zitiert nach Ceaușescu gegen Emigration, in: *Frankfurter Allgemeine Zeitung* vom 29.3.1977, S. 3.

32 Vgl. Minderheitenfunktionäre geloben Ceaușescu Staatstreue, in: *Frankfurter Allgemeine Zeitung* vom 7.4.1977, S. 5.

samt etwa hundert Christen betroffen hätte.[33] Was wie ein einzelner Aspekt erscheint, addiert sich zu einem Gesamtbild einschließlich der Schriftsteller in Rumänien.

Denn ausgerechnet im Mai 1977 sollte der langfristig geplante Nationalkongress des rumänischen Schriftstellerverbandes stattfinden, der dann doch überraschend abgesagt wurde. Das dürfte durchaus mit einer in der letzten Aprilwoche 1977 stattgefundenen Vollversammlung der Sektion des Schriftstellerverbandes in Bukarest in Verbindung stehen, bei der eine beachtliche Missstimmung festzustellen war. Der Druck auf Dissidenten und den Schriftsteller Paul Goma ließ es den Herrschenden geboten sein, eine Konfrontation auf dem Kongress zu vermeiden. Zumal dort der Ausschluss Gomas beabsichtigt war, der selbst bereits erkennen ließ, im Falle einer Verhaftung – er war in diesen Tagen inhaftiert – in den Hungerstreik eintreten zu wollen, und deutlich machte, dass jegliches Geständnis, das späterhin vorgezeigt werden könnte, erpresst oder erfunden worden sei. Abgesehen davon sollten die Zügel bei den Schriftstellern noch enger angelegt werden, da deren Kontakte zu westlichen Journalisten als äußerst unerwünscht galten. Den Herrschenden war es unterdessen gelungen, zwei der Unterzeichner von Gomas Petition davon wieder abzubringen – sicherlich nicht aus freien Stücken: Die beiden Literaturkritiker Ion Negoițescu (1921–1993), der bei nächster Gelegenheit in Belgien blieb und später in München lebte, und Francisc Munteanu (1924–1993) in Bukarest.[34]

Freilich wurde es für die Herrschenden erforderlich, innenpolitisch etwas Druck herauszunehmen, um im Westen ein charmantes Gesicht zu zeigen. Dazu gehörte, dass bald darauf 19 000 Strafge-

33 Vgl. Evangelische Geistliche in Rumänien festgenommen, in: *Frankfurter Allgemeine Zeitung* vom 20.4.1977, S. 6.

34 Vgl. Viktor Meier: Geht Bukarest landesweit gegen die Dissidenten vor? Rumänischer Schriftstellerkongress verschoben. Auch zahlreiche Baptisten verhaftet, in: *Frankfurter Allgemeine Zeitung* vom 29.4.1977, S. 5.

fangene amnestiert und die Verfahren gegen weitere 9500 Bürger eingestellt wurden.[35] Dabei setzte man auch Paul Goma nach vier Wochen wieder auf freien Fuß.[36]

4

Nachdem Ceaușescu annehmen musste, mit diesen Schachzügen die oppositionelle Stimmung in der Schriftstellerszene geschwächt zu haben, erschien es möglich zu sein, nun doch den Nationalkongress der Schriftsteller abzuhalten. Der Publizist Viktor Meier (1929–2014),[37] der die Entwicklung Rumäniens aufmerksam begleitete, gelangte zu dieser Bewertung der Gemengelage: „Die Eindrücke sind zwiespältig, zumal es sich offensichtlich um einen ganzen Komplex von Problemen handelt. Niemand hatte so recht verstanden, weshalb Ceaușescu plötzlich das Steuer so brüsk herumriss, nachdem vorher versucht worden war, die ganze Unruhe um die Bürgerrechtsfragen gütlich beizulegen. Die Wendung war auch deshalb nicht verstanden worden, weil der nach dem Erdbeben entstandene direkte Kontakt zwischen Volk und Parteiführung überall Hoffnung auf liberale Zustände geweckt hatte, und weil zudem die Belgrader Folgekonferenz von Helsinki immer näher rückte. Als Erklärung wird einerseits persönliche Impulsivität angeführt, andererseits aber auch die Befürchtung der Polizei, dass die Bewegung sich ausbreiten und organisierten Charakter annehmen könnte. Die Ansätze für eine landesweite ‚Oppositionsbewegung', soweit sie bestanden, sind durch die Aktionen des Regimes tatsächlich zerschlagen worden. In diesem Sinne kann Ceaușescu nunmehr

35 Vgl. Viktor Meier: Teilamnestie in Rumänien, in: *Frankfurter Allgemeine Zeitung* vom 9.5.1977, S. 2.

36 Vgl. Rumänischer Regimekritiker Paul Goma freigelassen, in: *Frankfurter Allgemeine Zeitung* vom 10.5.1977, S. 1.

37 Zur Person vgl. Viktor Meier 80, in: *Frankfurter Allgemeine Zeitung* vom 30.7.2009, S. 4.

wieder größere Gelassenheit zeigen."[38] Nicht nur in diesem Punkt erscheint Meier denkbar treffsicher zu sein, sondern vor allem in diesem: „Hauptursache für die nervöse Reaktion der Parteispitze scheint indessen die Verbindung zwischen der Bürgerrechtsbewegung und Auswanderungswilligen gewesen zu sein, dazu noch in dem denkbar ungünstigen Zeitpunkt nach dem Erdbeben."[39] Denn allein bis Mitte April 1977 hatten beinahe 4000 Bürger deutscher Nationalität Rumänien verlassen, hinzu kamen etliche, die durch Heirat ins Ausland gelangen konnten. Zugleich versperrte Ceaușescu fortan weitere Abwanderungen. Das ist die Lage, als sich die Schriftsteller versammeln sollten.

Es kam auf die Rede des Conducătors an: Er nahm die Schriftsteller an die kurze Leine. Er wünschte sich die rumänische Literatur nicht an westlicher Freiheit ausgerichtet, also keinesfalls an „verschiedenen gesellschaftlichen und philosophischen Konzeptionen von Menschen- und Freiheitsrechten", wie diese im Westen vertreten würden. Vielmehr: „Wir wünschen eine Literatur, die aktiv an der Bildung des neuen Menschen, des menschlichen Modells einer kommunistischen Ordnung, mitarbeitet."[40] Er verlangte diesbezüglich an Traditionen anzuknüpfen, wie sie während der Stalin-Ära in Form von „Literaturzirkeln" existierten, oder wie er sie – und da fiel das Wort – im Juli 1971 als „kleine Kulturrevolution" für erstrebenswert hielt. Es sollte „richtiges" Literaturschaffen stattfinden. Diese „Selbstkontrolle" durfte durchaus als regierungsamtlich verordnete Schere im Kopf gedeutet werden. Passend dazu denn auch die personelle Ausrichtung, insoweit zum Präsidenten des Verbandes der

38 Viktor Meier: Zeigt Ceaușescu wieder größere innenpolitische Gelassenheit? Die rumänische „Oppositionsbewegung" ist weitgehend zerschlagen, in: *Frankfurter Allgemeine Zeitung* vom 21.5.1977, S. 5.

39 Ebenda.

40 Zitiert nach Viktor Meier: Ceaușescu verpflichtet Schriftsteller. Künftig mehr Parteilinie, aber auch ein gewisser Spielraum, in: *Frankfurter Allgemeine Zeitung* vom 1.6.1977, S. 5.

langjährige Außenminister und Schriftsteller George Macovescu (1913–2002) eingesetzt wurde, und ergebene Schriftsteller wie Eugen Barbu (1924–1993) und Marin Preda (1922–1980) mit weiteren Vollmachten ausgestattet wurden.[41]

Als höhnisch mag empfunden werden, dass bald darauf das Zentralkomitee der Partei „die zentrale Zensur der Nachrichtenmedien und literarischer Erzeugnisse“ abzuschaffen beschloss, die zuvor als „präventive Pressekontrolle“ in Händen des Staatlichen Komitees für Presse und Druck lag. Nunmehr waren Funktionäre in Verlagen und Medien selbst dafür zuständig, freilich mit dem Hinweis auf die Auflage, keine gegen das sozialistische Rumänien gerichteten Stimmen durchdringen zu lassen. Faktisch bedeutete das lediglich eine Verlagerung der Zensurpraxis.[42]

5

Es waren nicht allein die Schriftsteller und die verschiedenen Minderheiten, die dem Conducător zu schaffen machten. Hinzu trat eben jene gesellschaftliche Gruppe, als deren Vorhut sich seine Partei verstand: Die Arbeiter im Allgemeinen und die Bergarbeiter im Besonderen verstanden sich auf eine andere Art der „Kulturrevolution“. Das für sich genommen war für ihn bereits unerfreulich, erhielt jedoch eine unbeabsichtigte Steigerung dadurch, dass er seinen Urlaub unterbrechen musste, um vor Ort, in der rumänischen Bergbauregion im Südwesten Siebenbürgens, im Schiltal (Valea Jiului), das Heft des Handelns in die Hand zu nehmen. Allerdings pfiffen ihn die Bergleute aus, drückten auch anders ihr Missfallen aus. Anlass der Streikbewegung war eine Änderung des Sozialgesetzes, die soziale Einschnitte beim Krankengeld und anderem bedeutete. Die

41 Ebenda.

42 Vgl. Bukarest beschließt Abschaffung der zentralen Pressezensur, in: *Frankfurter Allgemeine Zeitung* vom 1.7.1977, S. 2.

Bergarbeiter legten in den Karpaten zwischen Krajowa (Craiova) und Eisenmarkt (Hunedoara) für einige Tage die Arbeit nieder.[43]

In der Tat war es bereits von Juni 1977 an in größeren Betrieben in Bukarest, in der westmoldauischen Stadt Galați, in Pitești, in der Walachei gelegen, und in Kronstadt (Brașov) zu Unruhen gekommen in einer Größenordnung, wie sie nur noch im Dezember 1989 während der sozialistischen Ära Rumäniens zu beobachten war. Dieser Funke sprang in den ersten Augusttagen ins Schiltal über, was von besonderem Gewicht war: Denn dort lagen sechzig Prozent der rumänischen Kohlevorräte und gut 35 000 Bergbaukumpel hatten die Förderbänder zum Stehen gebracht. Die Arbeiterbewegung, deren Protest zunächst im siebenbürgischen Schylwolfsbach (Lupeni) am 1. August 1977 ihren Anfang nahm, reichte weit in die Umgebung, bis hin nach den Städten im Kreis Hunedoara wie Uricani, Aninoasa oder Petrila, aber auch Wolkersdorf (Vulcan), Bărbăteni (Kreis Lupeni), Paroșeni, Livezeni, Dâlj oder Lonea. Drei Tage lang dauerten die Betriebsbesetzungen, verbunden mit dem Ziel, mit Ceaușescu selbst zu verhandeln. Selbst der Einsatz von Wasserstrahlen der Feuerwehr kühlte den Unmut nicht ab. Schon am 2. August 1977 mühten sich die Mitglieder des Politbüros der kommunistischen Partei, Ilie Verdeț (1925–2001) und Gheorghe Pană (*1927), ab, doch blieben sie ohne Erfolg. Am 3. August dann war Ceaușescu in Lupeni, der glaubte, mit harten Worten und Entgegenkommen, die Ruhe herstellen zu können – vergeblich. Er drohte, wie es schien, mit Militär, was knapp zwei Dutzend Bergarbeiter veranlasste, einen Brief von Radio „Freies Europa" verlesen zu lassen. Tatsächlich machte Ceaușescu scheinbar Zugeständnisse – die Arbeitszeit zum Beispiel wurde nun auf sechs Stunden begrenzt –, um zugleich die verschiedenen Gruben in Sondergebiete zu verwandeln, Militär aufziehen zu lassen und

43 Vgl. Viktor Meier: Streik rumänischer Bergleute?, in: *Frankfurter Allgemeine Zeitung* vom 12.8.1977, S. 3.

die Securitate anzuhalten, in die Konspiration der Bergarbeiter einzudringen. Es fiel vor Ort schon auf, dass Leitende des Streiks wie der Ingenieur Jurca und der Brigadeleiter Iona Dobre bald danach bei Autounfällen ums Leben kamen. Delegierte wurden aus den Reihen der Bergarbeiter bestimmt, um in Bukarest bei Ceaușescu die Einhaltung der Versprechen zu bewirken. Doch sie wurden nicht empfangen, verloren vielmehr ihre Arbeitsplätze. Folglich loderten im Oktober wieder Streiks auf, doch wurden sie alsbald unterdrückt. Mehr noch: Es heißt, gut 4000 Bergarbeiterfamilien hatten die Region zu verlassen.[44]

Mithin brachen in rascher Folge in verschiedenen gesellschaftlichen Gruppen Konflikte auf, denen ebenso rasch zu begegnen war. Das freundliche Licht, das auf Ceaușescu in der zweiten Hälfte der sechziger Jahre geschienen hatte, ist verschwunden. Offenbar mit Blick darauf schien es geboten zu sein, zumindest ein freundlich wirkendes Signal zu setzen – nach außen wie nach innen. In einer rumänischen Zeitschrift des an das Zentralkomitee angebundenen Geschichtsinstitutes war überraschend von „Fehlern der Vergangenheit" die Rede, das sowjetische Einheitsmodell für die osteuropäischen Staaten sei „außer Kraft". Es gäbe die „tragischen Ereignisse in Ungarn 1956" zu konstatieren, und – wer mochte da nicht an Ceaușescu selbst denken –, wenn von der „gerechtfertigten Revolte wegen der akkumulierten Unzufriedenheit des Volkes und der falschen Politik der Rákosi-Clique" gesprochen wurde. Damit war Mátyás Rákosi (1892–1971) gemeint, gewissermaßen Stalins bester Schüler in Ungarn der Jahre 1949 bis 1956.[45] Bezogen eben auf Rákosi hielt er diesem die „Übertreibung bei der Industrialisie-

44 Vgl. Mariana Hausleitner: Politischer Widerstand in Rumänien vor 1989, in: *Halbjahresschrift für südeuropäische Geschichte, Literatur und Politik*, Oktober 1996, S. 67–79; dies.: Politischer Widerstand in Rumänien, in: *Horch und Guck* (1996) 2, S. 53–57, hier 56 f.

45 Zur Person vgl. Anne Applebaum: Der Eiserne Vorhang. Die Unterdrückung Osteuropas 1944–1956. München 2013.

rung, Einbußen in Bezug auf den Lebensstandard der Bevölkerung, Verletzung der sozialistischen Gesetzlichkeit, Verlust der nationalen Unabhängigkeit, schwere Missbräuche und Deformierung der Prinzipien der Gleichberechtigung und der gegenseitigen Achtung in den Beziehungen zwischen sozialistischen Ländern" vor. Trotz des steinern wirkenden sowjetischen Bildes, dass es sich bei dem Einmarsch in die Tschechoslowakei – an dem Rumänien nicht teilgenommen hatte – um die Niederschlagung einer „Konterrevolution" handele, heißt es in der rumänischen Zeitschrift weiter: „Man muss immer wieder betonen, dass damals dort keine Konterrevolution war und auch nicht die Gefahr einer solchen bestand." Damit nicht genug. Mehr noch werden die verschiedenen Wege zum Sozialismus ausdrücklich hervorgehoben, eben der „Fall Jugoslawien", der „historische Kompromiss" der italienischen Kommunistischen Partei sowie den „Sozialismus nationaler Färbung" der französischen KP – und schließlich noch die Verteidigung der seit 1975 aufblühenden Vision des „Eurokommunismus", der keinesfalls als „häretischer Weg", vielmehr als „freie Wahl eigener nationaler Wege" gedeutet wurde.[46]

Mit diesem Paukenschlag betonte der Conducător eine deutliche Absetzbewegung vom sowjetischen Führungsanspruch und machte Rumänien ein weiteres Mal für die westliche Sphäre interessant, vielleicht auch für die rumänischen Intellektuellen. Doch dieser Zauber war nach kurzer Zeit bereits erledigt. Der Herrscher verteidigte die bisherige rumänische Industrialisierungspolitik und kritisierte eine in der Gesellschaft aufbrechende Wohlstandhaltung.[47] Auch griff er abermals in die Minderheitenpolitik ein, etwa

46 Zitiert nach Viktor Meier: Bukarest verteidigt Eurokommunismus, Moskaus These über Konterrevolution als „Fehler" verurteilt, in: *Frankfurter Allgemeine Zeitung* vom 9.9.1977, S. 4.

47 Vgl. Viktor Meier: Ceauşescu verteidigt die Industrialisierung. Der rumänische Führer kritisiert vorherrschende Konsumhaltung, in: *Frankfurter Allgemeine Zeitung* vom 15.9.1977, S. 5.

als weitere deutsche Schulen geschlossen wurden.[48] Und – ein Jahr nach dem Tod Mao Zedongs – intensivierte er die Beziehungen zu China und beschränkte abermals Ausreisen.[49] Schließlich nutzte Paul Goma die Möglichkeiten seines Exils in Paris, die Freilassung rumänischer Dissidenten zu fordern.[50] Als dann im Dezember der „Kleine Parteitag" abgehalten wurde, hielt Ceaușescu an den bisherigen politischen Eckpunkten fest, zeigte eine Demonstration des „Triumphalismus".[51]

6

Das Jahr 1977 zeigte in Rumänien das vielfache Aufbegehren von Schriftstellern, Künstlern, ethnischen und sozialen Minderheiten bis hin zu den Bergarbeitern. Im Ergebnis nutzte der Conducător mit Hilfe seiner Partei das Instrument Securitate, um sich seiner Widersacher zu entledigen. Bei den Schriftstellern eben Repression, Inhaftierung oder die Entlassung ins Exil. In einem solchen Umfeld als Schriftsteller aufrecht und sich selbst treu zu bleiben, andererseits den vielfältigen Pressionen nicht zum Opfer zu fallen, stellt auch im Rückblick einen schwierigen Balanceakt dar. Das Schreiben in Ceaușescus Welt des Jahres 1977 hatte das in Rechnung zu stellen. Eine Variante stellte die schriftstellerische Flucht in die phantasti-

48 Deutsche Schulen verschwinden, in: *Frankfurter Allgemeine Zeitung* vom 16.9.1977, S. 2.

49 Vgl. Viktor Meier: Ceaușescus Außenpolitik bleibt selbständig. Spektakuläre rumänische Demonstrationen gerade in den letzten Wochen, in: *Frankfurter Allgemeine Zeitung* vom 17.10.1977, S. 12.

50 Vgl. Goma fordert Freilassung rumänischer Dissidenten, in: *Frankfurter Allgemeine Zeitung* vom 25.11.1977, S. 1; Hartnäckiger Rumäne, in: ebenda vom 25.11.1977, S. 12.

51 Vgl. Viktor Meier: „Triumphalismus" Ceaușescus innen und Unabhängigkeit nach außen. Der „kleine Parteikongress" der rumänischen Kommunisten. Ziele und keine Zweifel, in: *Frankfurter Allgemeine Zeitung* vom 12.12.1977, S. 6.

sche Erzählung dar, den realen Bedrückungen scheinbar enthoben, zu der wenig angreifbare Bilder, Visionen und Figuren entwickelt werden konnten.

Ana Blandiana lebte seinerzeit in Bukarest, arbeitete in der Bibliothek der bildenden Künste, da sie als Redakteurin bei der Zeitschrift *Amfiteatru*, wo sie von 1975 an bis 1977 tätig war, dem Druck nicht mehr standhalten konnte. Dazu kam, dass ihr Mann Romulus Rusan unter die Trümmer des Erdbebens geraten und aus ihnen gerettet worden war. Beide zogen dann aufs Land – flüchteten vor dem direkten Odem des Conducătors nach Comana, ein Dorf zwischen Bukarest und Konstanza (Constanţa), das südöstlich in der Bărăgan-Ebene liegt. Dort widmete sie sich vorwiegend dem Schreiben. Auf diesem Weg war Ana Blandiana im Jahre 1977 mit ihren „Vier Jahreszeiten" unterwegs – weder in Richtung Exil, noch in Richtung eines Staatsdieners, um sich aufzusparen für den Moment, wo es ums Ganze ging. Dieser Fall trat für sie während der rumänischen Herbstrevolution von 1989 ein – als sie die Stimme der vielfach Unterdrückten wurde. Sie hatte folglich ihre Stimme sparsam gebraucht und in dem Moment so genutzt, dass ein jeder sie gut hören konnte – und allseits verstanden wurde. Die dann einsetzende „Kulturrevolution" war eine Revolution, die wirklich die Seelen der Menschen erfasste. Sie betraf die grundsätzliche politische Position der Bürger – und betraf die größte, in der Geschichte Rumäniens nie dagewesene Umwälzung der Gesellschaft. Und das ganz anders, als sich Mao Zedong und Ceauşescu das gedacht hatten. Es hatte sich gelohnt, auf die richtige vierte Jahreszeit zu warten, um den Winter über Rumänien abzulösen. Und nun waren sie dabei – die Bergarbeiter, die Schriftsteller und auch die Minderheiten. Zumindest eine Zeit lang. Gleichwohl war es nun möglich, als Schriftsteller frei zu schreiben, da Ceauşescus Welt des Jahres 1977 ebenso Geschichte war wie dieser selbst.

Ana Blandiana

Die vier Jahreszeiten

Winter

Die Kapelle mit Schmetterlingen

Mir fehlte schon immer das, was man gemeinhin als gutes Gedächtnis bezeichnet, die Fähigkeit, jede Einzelheit wahrzunehmen, zu registrieren, so dass man sich auch in zehn Jahren noch erinnern kann an einen banalen Satz, den ein Kollege bei Tisch zwischen dem ersten und zweiten Gang irgendeinmal gesagt hat. Ich bin bei einer Sache nie ganz dabei. Auch wenn es den Anschein erweckt, dass ich am Gespräch teilnehme, könnte ich kurz danach nichts davon wiedergeben. Oft bin ich mir nicht mehr sicher, ob überhaupt ein Gespräch stattgefunden hat. Was ich von den Geschehnissen behalte, ist ein gewisses Gefühl, eine Stimmung, eine unbestimmte Nuance, die nichts mit der Wirklichkeit zu tun hat, und wenn doch, dann deckt sich mein subjektives Empfinden nur zufällig mit der objektiven Realität. Es prägen sich mir nur einzelne Details ein, zwischen denen kein Zusammenhang besteht. Versuche ich im Nachhinein, sie in irgendeiner Weise zu verknüpfen, entsteht ein völlig anderes Bild als das ursprüngliche. Ich erinnere mich an irgendjemand, weil ich ihn genau vor mir sehe, wie er zum Beispiel mit der Hand durchs Haar fährt, die er mir zur Begrüßung gereicht hatte, sehe, wie das Haar, das womöglich ungewaschen und deshalb gleichsam widerstrebend, in Zeitlupe zwischen seinen Fingern auseinanderfällt. Ich erinnere mich an die Sommer meiner Kindertage bei den Großeltern, weil sich mir tief ins Gedächtnis das Bild der großen, rudimentären und verrotteten Maisentkörnungsmaschine eingegraben hat, die hinter einem Schuppen stand und so rostig war, dass die Finger bei jeder Berührung sofort braun wurden. In der lächerlichen Position, in der sie hingeworfen über den Holzbock dastand, haftete der Maschine eine gewisse beleidigte Würde und etwas Geheimnisvolles an. Ich konnte nie verstehen, wie sie es schaffte, durch die eine Öffnung die Kolben und durch die andere die Maiskörner zu schleusen, ohne sich zu verheddern. Die Drehungen der riesigen Kurbel, die ich keinen einzigen Millimeter zu bewegen vermochte, ließ sie gelassen über sich ergehen. Ebenso erinnere ich mich an einen alten Schuh meines Großvaters, eingeklemmt unter den Fuß eines an der Stallwand lehnenden, wackligen Tisches, auf dem Grünfutter für die Enten kleingehackt wurde.

Die Welt, durch die ich gehe, fügt sich in meinem Innern zusammen aus seltsamen, ungleichartigen Bildern, die sich stets brechen und bis zur Unkenntlichkeit verändern oder erstarren, und aus Seelenzuständen, deren Ursprung mehr in mir liegt als in der Welt. Trotzdem kann es geschehen – zugegeben äußerst selten –, dass die Welt sich mir in einer so einleuchtenden Weise offenbart, in Gesetzen, die so sehr meinem innersten Wesen entsprechen, dass ich sofort hellwach werde und zu höchster Konzentration fähig bin in einem Zustand höchster Erregung. In solchen Augenblicken nehme ich jede Geste wahr, jeden Ton, jede Nuance, einfach alles, ohne es je zu vergessen. Das, was mir in jenen seltenen Momenten widerfährt, ist so verschieden davon, wie ich normalerweise lebe, dass ich entsetzt feststelle: Nur in diesem Zustand extremer Erregtheit existiere ich wirklich, so dass ich möglicherweise bisher nur zwanzig oder dreißig Stunden tatsächlich gelebt habe. Den Rest der Zeit verbringe ich wie im Schlaf auf irgendeiner Anhöhe, von der aus ich hin und wieder durch die halbgeschlossenen Augenlider nur unzusammenhängende Ausschnitte erfasse. Eigentlich dürfte diese Zeit meinem Lebensalter gar nicht zugerechnet werden und auf die Frage, wie alt ich sei, müsste ich antworten, zwanzig oder dreißig Stunden.

Dieser Nachmittag schien nicht anders zu werden als all die anderen Nachmittage davor. Obwohl erst Anfang Februar, schien die Sonne mit starker, fast schon unnatürlicher Kraft. In den Wohnungen aber bullerten die Heizkörper weiterhin und erfüllten auf diese Weise stur ihre winterliche Pflicht. Die Fenster konnten nicht geöffnet werden zum Lüften, denn von draußen drang ein widerlicher Gestank herein, der sich aus unerklärlichem Grund und unberechenbar zu den ungewöhnlichsten Uhrzeiten ausbreitete.

Wie an anderen Tagen auch war das Einströmen dieses üblen Geruchs für mich das Signal und zugleich der Anreiz auszugehen. Natürlich hätte man die Fenster hermetisch abdichten können. Mit der Zeit perfektionierten wir ein ausgeklügeltes System, Ritzen, Fensterfugen, Löcher, Schlösser, Schwellen abzudämmen. Der innere Antrieb, aus dem Hause zu gehen, war jedoch stärker als das Bedürfnis nach Sicherheit. Die olfaktorische Invasion taugte immer als triftiger Grund, die Arbeit zu unterbrechen, um das Haus zu verlassen. Seltsamerweise störte die verpestete Luft draußen weniger, drinnen dagegen, in der Wohnung, war sie viel schwerer zu ertragen.

Eilig durchlief ich die Strecke von mehr als ein Dutzend Metern bis zur Unterführung, drängte mich zwischen Menschenpaare, die den Platz um die Brasserie herum in einen Treffpunkt verwandelten. Hier kann man in Ruhe auf die Partnerin oder den Partner warten, geschützt vor Regen und Kälte. Es war viel zu mild für diese Jahreszeit. Die Mäntel hingen den Passanten von den Schultern, der gelockerte Schal um den verschwitzten Hals ließ sie deprimiert erscheinen.

Nachdem ich aus der Unterführung wieder an die Oberfläche gekommen war, fühlte ich mich befreit nicht nur vom Gedränge in der unterirdischen Passage und von diesem unerklärlichen Gestank, der sich im Umkreis meiner Wohnung ausgebreitet hatte, sondern von etwas weit Bedrückenderem, schwer Fassbarem, dessen Existenz mir erst bewusst wurde, nachdem der Druck wie eine Last von mir abgefallen war. Ein wahrer Freiheitsrausch überkam mich und versetzte mich in beste Laune, in eine verspielte Euphorie, die sich gewöhnlich immer dann einstellt, wenn Verzweiflung und Sorgen sich aufstauen, das Unterbewusstsein sich aber dagegen auflehnt und unerlaubt Ferien nimmt. Eigentlich habe ich erst ab dem Augenblick wirklich zu leben begonnen, als ich aus der Unterführung herauskam und sich meine Stimmung plötzlich wandelte. Alle meine Sinne ließen mich jetzt wissen, dass sie vollkommen wach seien und freudig die Umgebung wahrnehmen.

Ich schlenderte vorbei am Stadion, das sich immer noch im Bau befand, dessen unvollendeter Zustand vermutlich noch lange nach der Fertigstellung andauern wird. Während ich die bienenwabige komische Mauer im Hintergrund passierte, begegnete ich einer Maus. Ich sage mit Absicht „begegnete", gleichgültig wie albern es klingen mag, weil ich nicht an ihr vorbeiging wie an einem Gegenstand, sondern ihr wie einem menschlichen Wesen entgegentrat: Irgendwie spürte ich, dass die Maus da ist, und drehte den Kopf in ihre Richtung. Unsere Blicke trafen sich und wir musterten einander. Sie sah mich an mit einem Anflug lächerlicher Auflehnung, die schon an Arroganz grenzte, so dass ich versucht war, ein bedrohliches Miau auszustoßen. Ich ließ es aber sein. Die Anwesenheit der Maus dort vor den Stufen, die zur Hauptallee führen, war zu ungewöhnlich und ihre Lage zu verzweifelt, als dass ich sie noch mehr hätte erschrecken wollen. Ich überlegte, sie zu fangen und ins Gras zu setzen, wo sie mit Sicherheit besser zurechtgekommen wäre. Auch hätte es mir Spaß gemacht, ihr warmes, seidenes Fell zu berühren. Da ihre Ignoranz jedoch viel größer war als mein Mitgefühl, entwischte sie mir und raste wie verrückt unter die Räder eines Busses. Seltsam, wie genau ich mich an jede noch so unbedeutende Einzelheit erinnerte. Obwohl ich es nicht mit eigenen Augen gesehen habe, war ich mir dessen gewiss, dass die Maus nicht überfahren wurde, nicht vom Bus und auch von keinem der folgenden Fahrzeuge und dass sie unversehrt auf die andere Seite der Straße gelangen, ja sogar irgendwo unterschlüpfen konnte. Meine glänzende Laune hatte allen Grund fortzubestehen.

Kaum ein anderes Vergnügen versetzt mich in solch ekstatische Erregung wie das ziellose Herumirren auf den Straßen. Ich streiche durch die Gegend, der Zeit trotzend, die mir mit ihrer Vergänglichkeit nichts anhaben kann. Amüsiert und neugierig betrachte ich die Gebäude, an denen ich vorbeikomme, jede noch so aufwendige Stuckatur erheitert mich, und ich bin von jedem noch so unscheinbaren Giebel begeistert. Ich weiß nicht, ob mir das Bummeln durch eine erinnerungswerte berühmte Stadt den gleichen Genuss bereitet hätte. Meisterwerke der Architektur würden mich vielleicht beeindrucken, sie würden mich jenseits des Betrachtens zu ernsthaften Überlegungen anregen, zum Nachdenken bringen. Meine wild herumschwirrenden Gedanken würden verdrängt von genau definierten Vorstellungen, was Schönheit sei. Aber diese Häuser hier, die aussehen wie zufällig hingestellt, beruhigen, amüsieren und befreien mich. Sie scheinen unvorbereitet und beliebig, ohne jeden Plan, ohne jedes Konzept errichtet worden zu sein, einige scheu versteckt hinter Bäumen, andere frech an die Straße gesetzt. Besonders diese fast runden, pastellfarbenen Bauten, die wegen ihres prunkvollen Flairs an Marzipantorten erinnern, sind schön anzusehen mit ihren Treppen und den vielfach mit Girlanden geschmückten Säulen. Oder jene quer zum Straßenverlauf errichteten Gebäude, die nur zwei Fenster haben nach draußen, jedoch unzählige Türen zum Innenhof hin, der gepflastert ist mit Natursteinen, zwischen denen im Sommer Portulakröschen blühen. Neben dem schmiedeeisernen Zaun steht ein kunstvoll geformter, gusseiserner Pumpbrunnen, der ab und zu außer Betrieb ist. Ich mag auch jene tatsächlich ansehnlichen, stattlichen Häuser mit zwei Etagen über dem Erdgeschoss und großen, quadratischen Fenstern, deren Eingang überdacht ist von einem heiter anmutenden, fantasievollen Gebilde aus aufgefächerten Eisenstangen und Glas. Zur Einfahrt führt eine im Halbkreis angelegte breite Allee, die offenkundig nur auf heranrollende Kutschen zu warten scheint.

Was diese Gebäude, kaum älter als ein Jahrhundert, letztlich so einnehmend macht, ist ihre Stillosigkeit. Ihnen fehlt trotz eines Anflugs von Hochmut jeglicher Überlebenswille. Mit einer Prise Fatalismus akzeptieren sie einfach so ihre Hinfälligkeit und ihr Dahinsiechen. Das gesamte Areal sieht keinesfalls verwahrlost aus, es hat das Flair des natürlichen Verfalls oder Einswerdens mit der Natur. Es ist gesäumt von Akazien, die irgendwann in gerader Linie gepflanzt, besser gesagt, so stehengelassen wurden in den großen Gartenanlagen, die einst diese Gutsherrenhäuser umgeben hatten, bevor moderne Wohnblocks sie vereinnahmten.

Ich mag es, mir auf den Spaziergängen die Stadtviertel heruntergekommen auszumalen, verlassen, überwuchert von Unkraut und Eidechsen, von Gras, das zwischen Pflastersteinen hervorsprießt, und mit Schlangen, die sich um die Gitter winden; ich mag es, mir vorzustellen, wie das Stadtviertel allmählich in den Boden versinkt, zuerst die Treppen, danach die Mauern, die Dächer, bis aus dem hohen Gras nur noch die Schornsteine hervorragen, die allmählich dem Blick entschwinden wie auf der Weite des Meeres ein Segelschiff, von dem am Ende nur noch die Mastspitze zu sehen ist. Freilich verschwindet kein Haus auf diese Weise am Horizont der Graswiese. Und wenn sich trotzdem eines dazu entschlösse, würde an seiner Stelle sofort ein neues Gebäude hochschießen, irgendein rechteckiger Wohnblock mit komfortableren Eigentumswohnungen. Diese pflanzlichen Phantasien jedoch sind Teil meines genüsslichen Herumstreichens, ein Vergnügen, dem wie jedem Vergnügen mehr oder weniger der Reiz des Verbotenen anhaftet.

Das ziellose Herumstreichen macht mir besonders großen Spaß, auch weil ich mich dabei absichtslos verirren kann. Da keine Straße parallel, keine quer zur anderen verläuft, gelange ich manchmal an einen Punkt, von dem aus ich nicht mehr weiß, welche Richtung ich einschlagen soll, auch wenn die Gegend mir noch so vertraut ist. Da ich eigentlich kein Ziel ansteuere, begeistert mich diese Unentschlossenheit und eine wahre Euphorie ergreift mich bei der Feststellung, dass ich mich nicht, wie angenommen, Richtung Viehmarkt bewege, sondern beim Jungfrauengarten gelandet bin. Es passiert mir häufig, dass ich ungewollt immer wieder an diese Stelle gerate. Ohne bestimmte Absicht folge ich meinem Instinkt, der mich jedes Mal zu diesem winzigen Park führt, eingerahmt von einem Theater, einem Restaurant, einer Kirche unbestimmbarer Konfession und von einigen Häusern mit stets heruntergelassenen Jalousien. Zweifellos hat dieser Park etwas Mysteriöses, was vermutlich von der heterogenen Zusammensetzung der Gebäude herrührt, die rund um die seltsamen Bäume mit weißen Stämmen angeordnet sind. Es könnten Birken sein, dafür sind sie jedoch zu kräftig und tragen, äußerst unpassend, Früchte, die an Stielen so dünn wie ein Zwirnsfaden hängen und wie Tennisbälle aussehen und erst dann sichtbar werden, wenn die Bäume kahl sind. All das gibt der gesamten Umgebung einen orientalischen Anstrich. Rätselhaft wirkt auch der Name „Jungfrauengarten". Keine Legende untermauert diese Benennung, auch sonst hat sie nichts mit der Geschichte dieses Viertels zu tun, lässt aber die Gedanken abschweifen zu romantischen Begebenheiten. Obwohl sich das Restaurant und das Theater ganz in der Nähe befinden, ist es still hier, vielleicht wegen der unbewohnten Häuser und der stets geschlossenen Kirche.

An diesem Nachmittag spazierte ich aufgeräumt, ja in bester Laune um den Park herum und freute mich, dass unter den Bäumen noch Schnee lag, der beim Einfall der Sonnenstrahlen blendete. Das rötliche Licht ergoss sich über den weißen Hintergrund, wodurch der Widerschein etwas abgemildert wurde und dem Flimmern eine warme Nuance verlieh. Wie üblich, traf ich auch heute niemanden an. Nur durch die Fenster des Restaurants erblickte ich einige müde Gesichter, gealtert von ewigem Schlemmen. Ich hob einen trockenen Ast auf und zog ihn lustvoll über die Gitterstäbe, an denen ich vorbeistreifte. Der erzeugte gleichförmige Rhythmus mit seinem unerwarteten Nachhall stimmte mit meinem inneren Takt vollkommen überein und versetzte mich in einen wahren Freiheitsrausch.

Diese Freiheit begann mich allmählich zu langweilen. Es schien, als müsste etwas geschehen. Die Sonne sank immer tiefer, die Schatten der Bäume verdichteten sich auf dem Schnee und, ohne zu verstehen, warum, wurde es mir plötzlich recht schaurig zumute so allein hier mit meiner unangebrachten guten Laune, für die es keinen Anlass gab. Eben eilte ich am Kirchenzaun vorbei, dessen Gitterstäbe beim Berühren mit dem Stecken tiefe, fast schon bedrohliche Töne hervorstießen. Ich entschloss mich umzukehren, den Heimweg anzutreten, als beim Anstupsen die Pforte zum Kirchhof zögernd, mit einem dünnen Knirschen aufging. Fast widerwillig trat ich ein. Dass sich das Tor so unerwartet geöffnet hat – beim ersten Hinsehen schien mir das Eisengitter des Zauns fortlaufend – und das große, jahrzehntealte, verrostete Schloss plötzlich nachgab, war so sensationell, dass ich mich, ohne zu überlegen, in den winzigen Hof begab. Als sich dann auch die Kirchentür ohne besondere Mühe zur Seite schieben ließ, wunderte ich mich über nichts mehr und ging hinein mit dem Gefühl, erwartet zu werden.

In der Kirche schneite es. Im ersten Moment schien mir daran nichts ungewöhnlich zu sein, im Gegenteil, es freute mich. Es ist die Freude, die ich jedes Mal beim Anfliegen von Schneeflocken verspüre, unabhängig von meinem Gemütszustand. Doch konnte ich nicht umhin, mich trotzdem zu fragen, wie es möglich war, dass es in einem intakten Gebäude wie dieser Kirche hier – allerdings von einem eigenartigen, für mich unbekannten Architekturstil – so märchenhaft ungehindert schneien konnte. Es vergingen einige Sekunden, bis mir bewusst wurde, dass es draußen nicht schneite. Auch wurde mir klar, dass ich wieder jenen seltenen Augenblicken erlegen bin, die ich so intensiv erlebe, dass sich mir alle Einzelheiten tief ins Gedächtnis einprägen und mich noch lange wie besessen beschäftigen werden, ohne dass ich je den Sinn verstehen kann.

Ich kann nicht behaupten, dass ich Angst hatte. Für Logik hatte ich noch nie eine besondere Sympathie, so dass ihre Abwesenheit mich nicht erschreckt. Wenn mich etwas verstörte, ja richtig verwirrte, dann war es die Annahme, dass die Schneeflocken nicht um meinetwillen herabfielen, sondern dass es begonnen hatte zu schneien, lange bevor ich in die Kirche eintrat. Will sagen, dass es mir absolut normal erscheinen würde, wenn ich die Gewissheit hätte, dieses Wunder geschieht für mich, um mich zum Glauben zu bekehren. Jedoch weiß ich, dass dem nicht so ist. Das Ereignis fand statt, ohne die Absicht, jemanden damit zu beeindrucken oder in Erstaunen zu versetzen. Und eben diese Autonomie der Begebenheit, die sich selbst genügt und gleichzeitig die elementarsten Naturgesetze missachtet, schien mir monströs, nervte und entrüstete mich zugleich. Auf jeden Fall hatte es erst vor kurzem zu schneien begonnen (auf dem Boden lag eine dünne, fast durchsichtige Schicht Schnee) und diese Entdeckung beruhigte mich einigermaßen. Gleichzeitig fragte ich mich, ob der Eindruck nicht täuscht, ob es nicht schon vor meinem Eintreten in die Kirche begonnen hatte zu schneien.

Wegen der Dunkelheit drinnen schien der Kirchenraum kleiner, als der Bau es von außen vermuten ließ, trotz der großen, bemalten Fenster, deren vielförmige, bunte Figuren schwer zu enträtseln waren. Vom Aufbau her glich das Gebäude eher eine Kapelle als einer Kirche. Das niedrige, langgezogene Mittelschiff mit den abgerundeten Ecken wirkte nicht so streng wie das Gebäude von außen mit seinen hervorstehenden Kanten und der viereckigen Form. Was meine Aufmerksamkeit sofort in Anspruch nahm, war der hinterste Teil des Raumes, wo etwas stand, das wie ein Altar aussah. Das wunderte mich, da es sich hier, soweit ich erkennen konnte, nicht um eine orthodoxe Kirche handelte. Davon zeugten sowohl die merkwürdigen Zeichnungen an den Fenstern wie auch die ungewöhnliche Form der Wände. Und doch, im hinteren Teil des Raums erkannte ich, obwohl es dunkel war und schneite, eine vielfarbige, glitzernde Wand, die sich wie ein mit Silber und Ikonen geschmückter Paravent ausnahm. Ich ging einige Schritte nach vorn, um besser zu sehen, blieb aber bald desorientiert stehen. Wegen des Schnees, aber vielleicht auch wegen des gedämpften Lichts hatte ich das vage Gefühl, dass der Altar lebte. Wellenförmige Bewegungen durchzuckten ihn. Mehr konnte ich nicht erkennen, jedoch stellte ich entsetzt fest, dass sich etwas anbahnte, das wie ein Mysterium anmutete. Tastend öffnete ich meine Handtasche, um nach der Streichholzschachtel zu suchen, die ich, dessen bin ich mir sicher, jemandem geliehen und sie nicht wieder zurückerhalten hatte. Umso erfreuter und überraschter war ich, als ich die Schachtel doch fand. Ich beeilte mich, sie herauszunehmen, überlegte jedoch im selben Augenblick, lieber aufzugeben, umzukehren und wegzugehen. Ich wusste, dass ich das nicht tun werde, egal wie empfehlenswert es gewesen wäre. Eigentlich lag die Entscheidung nicht mehr in meiner Hand und meine Unentschlossenheit machte sich in meinen Bewegungen bemerkbar, die langsamer wurden, behutsamer und sich wie Rituale ausnahmen. Aufgeregt ziehe ich ein Streichholz aus der Schachtel, schloss diese sorgsam, betastete ihre raue Seite, stützte das mit Phosphor versehene Ende des Stäbchens darauf, wartete noch den unendlich kleinen Bruchteil einer Sekunde ab und zündete es an.

Anfangs sah ich nur die Flamme, viel zu nahe an meinen Augen, danach streckte ich den Arm weit nach vorne aus und versuchte, etwas dahinter zu erspähen. Was ich zu sehen bekam, war so spektakulär, dass ich es gar nicht wahrhaben wollte. Keine Ikonen waren das auf dem Altar, sondern eine Wand oder ein Paravent, den langsame, wellenförmige Bewegungen durchzogen und der ganz bedeckt war von … Fieberhaft suchte ich nach einem anderen Streichholz, das ich, von mir weit weg haltend, hastig anzündete. Ja, es waren tausende von Schmetterlingsflügeln, die sich im gleichen Rhythmus bewegten. Eigentlich bedeckte die gesamte Wand oder den senkrecht aufgestellten Paravent, diesen vermeintlichen Altar, eine Unzahl von Schmetterlingen, so angeordnet, dass ich von meiner Position aus, in der ich mich befand, nicht ihre Körper, sondern nur den Rand der Flügel sehen konnte. Die kompakte, von Streifen durchzogene Oberfläche bewegte sich auf eine Art, die schwer zu beschreiben ist, so …

Das Streichholz erlosch, und als ich hastig das nächste herausnahm, spürte ich, dass nur noch wenige in der Schachtel waren. Ich zündete es an. Was diese lebende und bedrohliche Masse darstellte, konnte ich im Flackern des Streichholzes nicht erkennen, auch fiel mir im Chaos der Empfindungen nicht gleich ein, woran sie mich gemahnte. Zu meiner eigenen Verwunderung ging ich ein paar Schritte nach vorne. Alles, was ich von jetzt an tat, hing nicht mehr von mir ab, ich konnte es nicht mehr steuern und auch nicht verhindern. Mit ausgestrecktem Arm hielt ich das Feuer so nahe an die Schmetterlinge, dass es fast schon ihre Flügel berührte, die, wie ich inzwischen beobachten konnte, aufgehört hatten, sich zu bewegen, was mich aber nicht weiter verwunderte. Und ich dachte – wenngleich ich mich nicht genau erinnerte, mein Gedächtnis wies hier einen schwarzen Fleck auf, eine Zäsur –, dass ich für die Dauer eines Augenblicks gezögert habe, bevor ich das Streichholz einige Zentimeter mehr nach vorne schob, um der Flamme Raum zu geben, sich zu entfalten. Kein Schrei, glaube ich, kein Brüllen, kein Heulen, gleichgültig, wie unmenschlich es geklungen hätte, wäre mir furchtbarer vorgekommen als dieses anschwellende dumpfe Gesumme, das den Raum erfüllte, während die Flamme die Flügel berührte. Ein widerlicher Ton, anzuhören wie ein Kratzen an der Fensterscheibe, jedoch tausend Mal stärker, der sich echoartig wiederholte. In derselben Sekunde fiel eine Schneeflocke auf die Flamme und sie erlosch. Der Zeitraum zwischen diesem Augenblick und dem Anfachen eines neuen Streichholzes, diese Minute der summenden Dunkelheit, war eine der furchterregendsten meines ganzen Lebens.

Als es wieder hell wurde und ich diese kompakte und lebendige Oberfläche sah, die sich im Zustand drohender Auflösung befand, mit einem so gemächlichen Flackern, dass es fast schon ermüdend wirkte, hatte ich keine Angst mehr. Im Gegenteil, meine Sinneseindrücke veränderten sich jäh. Ich sah, wie sich die Schmetterlinge voneinander losrissen, ihre Flügel ausbreiteten und sich einzeln im Raum bewegten. Dabei enthüllten sie einen solch unglaublichen Reichtum an Farben und Formen, dass mein Staunen bei weitem das Gefühl der Angst übertraf, obwohl der Schrecken durch den Szenenwechsel nichts von seiner Eindringlichkeit eingebüßt hat. Seltsamerweise wurde mit dem Beginn des Reigens mein Streichholz überflüssig. Die Kapelle war ausreichend beleuchtet. Da indes nirgendwo eine Lichtquelle auszumachen war, mutete das höchst sonderbar an. Nicht die Flügel der Schmetterlinge und auch nicht ihre Körper lumineszierten, obwohl während bestimmter Bewegungen die irisierenden Schwingen metallische Reflexe von rötlichem Gelb erzeugten, als wären sie aus Bronze oder aus altem Gold. Mir drängte sich der Verdacht auf, dass es zwischen dem Gleiten der farbenprächtigen Flügel und der Absicht, sich mir auf diese Weise zu offenbaren, zweifellos eine Verbindung gibt. Das Gesurre dauerte an, aber ich fürchtete mich nicht mehr. Im Gegenteil, es erfüllte mich mit Stolz und amüsierte mich, dass ich mich einer so gefährlichen Situation ausgesetzt hatte.

Ich begann das Gefühl akuter Bedrohung irgendwo an den unscheinbarsten Rand meines Bewusstseins zu verdrängen, da mich angesichts der Schönheit, die sich schwebend vor mir ausbreitete, verwirrendes Entzücken ergriff.

Vor allem begeisterte mich die Entdeckung, dass auf den Flügeln der Schmetterlinge die gleichen Verzierungen zu sehen waren wie auf den Kirchenfenstern. Auch wenn ich die Muster nicht deuten konnte, so erschloss sich mir der Sinn nun mit einem Anflug von Nähe, ja sogar Komplizenschaft. Die Schmetterlinge flogen über meinem Kopf herum wie in einer in der Luft angelegten Zirkusmanege, offensichtlich mit der Absicht, dass ich sie während der Parade betrachte und bewundere. Die geflügelten Wesen achteten darauf, langsam und in komplizierten Formationen zu fliegen, und sie zeigten sich in unterschiedlichsten Stellungen und wunderschönen Bildern. In ihren Bewegungen lag etwas tiefgründig Sinnliches, Laszives, so dass mir ein kalter Schauer über den Rücken lief und meine Knie zitterten. Das wurde mir in dem Augenblick bewusst, in dem sich meine Blicke mit denen des ersten Schmetterlings kreuzten, dann mit dem zweiten, dem dritten. Und als ich erkannte, dass mich alle geradezu anstarrten – bis dahin war mir entgangen, dass Schmetterlinge Augen haben –, schämte ich mich und entzog mich diesem phantastischen Spektakel, indem ich die Augen schloss. Dann fiel mir ein, dass ich in einer Kirche war. Das wurde aber auch Zeit!

Als ich die Augen wieder öffnete, wollte ich nachsehen, was die Oberfläche, von der sich die Schmetterlinge gelöst hatten, eigentlich war: Eine Wand? Ein Paravent? Oder doch ein Altar? Ich schaffte es aber nicht mehr. Als folgten sie einem nur von ihnen vernommenen okkulten Gebot, oder vielleicht auch, weil sie sich sinnlos vorkamen, nahmen die Schmetterlinge, sobald ich die Augen schloss, in der gleichen gemächlichen, musikalischen Weise dort ihre Plätze ein. Was ich dann zu sehen bekam, war unglaublich: Den Altar – es war tatsächlich ein Altar, jedoch ein äußerst merkwürdiger, der mit keinem anderen Altar der Welt zu vergleichen ist, mit Bildnissen von Heiligen, gemalt in dunklen Farben und so großen blauen Augen, dass sie blind schienen – der Altar also wurde nach und nach in Besitz genommen. In dieser Zwischenphase der Vereinnahmung zeigte sich mir ein heidnisches Gemisch aus Schmetterlingen und Heiligenbildern. Die jeweiligen Gebilde sind schwerer zu beschreiben als Fabelwesen, wie Sirenen oder Kentauren: Da war ein hehres Antlitz zu sehen mit langer Nase und zusammengepressten Lippen. Das veilchenblaue Auge drückte eher Verwunderung als Schmerz aus. Das andere Auge bestand aus einem violetten Schmetterling, dessen schwarz gesäumte Flügel wie Augenlider blinzelten. Eine reuige Magdalenafigur stand vor mir, eingehüllt in ihr langes, bis zur Ferse reichendes Haar. Auf ihrem Scheitel saß ein roter Schmetterling, dessen reglose Flügel rote und schwarze Streifen haben. Er nahm sich aus wie ein keck aufgesetzter Hut. Ein Abt, angetan mit langer Soutane, hielt in der ausgestreckten Hand statt eines Klosters einen herrlich grünen Schmetterling mit giftgelben Flecken, über dessen Fühlern das Kreuz des gestifteten Klosters Konturen annahm. Die gesamte Ansammlung hatte nichts Erbauliches, wie man annehmen könnte, sondern etwas Erregendes, Entweihendes. Mit jeder Sekunde, die verging, vereinnahmten die Schmetterlinge mehr an Fläche, nur das Ohr eines Heiligen blieb unbedeckt und ein entferntes blaues Auge, groß und furchteinflößend. Die Schmetterlinge verwandelten sich von neuem in eine gestreifte kompakte Masse, deren sachte wellenförmige Bewegungen ich mehr spürte, als dass ich sie in der immer undurchdringlicher werdenden Dunkelheit der Kapelle sah, wo sie nur noch von den spärlich, gleichsam entmutigt fallenden Schneeflocken etwas Helligkeit abkriegten.

Plötzlich überkam mich die Gewissheit, dass ich hier nichts mehr verloren habe, dass das Schauspiel zu Ende war. Mit Sicherheit war es eine Vorstellung extra für mich und, wer weiß, ob nicht auch das bis zum letzten Moment unverdeckt gebliebene Auge nicht deshalb da war, um mich zu beobachten und mir eine letzte Botschaft zukommen zu lassen. Diese blieb mir undurchdringlich, unergründlich, machte mir aber kein Kopfzerbrechen. Im Rückwärtsgehen zündete ich das letzte Streichholz an und ließ einen begeisterten Blick besitzergreifend durch die Kapelle mit den Schmetterlingen schweifen.

Draußen war es noch nicht dunkel, ich war jedoch unangenehm überrascht: Es schneite. Die Flocken fielen jämmerlich und ekelhaft, allmählich wurden die Straßen von einer schmutzigen, klebrigen Masse überzogen, die mich völlig verunsicherte und das große Geschenk infrage stellte, das ich von scheinbar phantastischen Kräften bekommen hatte. Der Niederschlag verharmloste das Wunder, das mir so selbstverständlich vorkam, solange es rein war und sich nicht mit der Realität mischte, jetzt aber zwielichtig und suspekt anmutete.

Plötzlich ergriff mich jähes Entsetzen. Was waren diese Schmetterlinge eigentlich?

Woher kamen sie? Wenn es den Schnee tatsächlich gab, der auf unerklärliche Weise in die Kirche eingedrungen ist, dann waren auch die Schmetterlinge wirklich und somit gefährlich. Was den Anschein einer schmeichelhaften, poetischen Aufführung erweckte, die sich den seltsamen Regeln meines Seelenlebens anpasste und sich wie eine riesengroße, rätselhafte, dadurch umso schönere Metapher ausnahm, drohte, sich in erschreckende Realität zu verwandeln.

Etwas eindeutig Bedrohliches lag über dieser Stadt, die zwar alt, aber noch nicht in die Jahre gekommen war mit ihren Menschen, für die ich mich, wie ich jetzt feststellte, verantwortlich fühlte. Ich musste mit jemandem sprechen, jemanden davor warnen, was in der Kapelle geschah. Es könnte das Startzeichen eines Überfalls sein, die Ankündigung, gar der Beginn einer Katastrophe. Die Straßen waren jedoch menschenleer. Wer ging schon bei solchem Wetter ins Freie? Nicht einmal einen Hund würde man vor die Tür jagen. Das Theater oder das Restaurant waren jedoch mit Sicherheit bevölkert. Dort könnte ich einen Menschen finden, der sich anhört, was in der Kapelle vor sich ging, wenn ich die ganze unglaubliche und geheimnisvolle Geschichte in allen Einzelheiten schildern würde.

Ich überquerte den Park im Laufschritt, um auf die gegenüberliegende Seite des Platzes zu gelangen. Der Schnee setzte sich auf den weißen Baumstämmen ab, wodurch sie noch weißer erschienen, und auf den runden Bällen, was diese flauschiger machte. Zwischen diesem Schnee, der sich träge und seelenruhig auf die Stämme niederließ, und jenem, der sich beeilte, mit ekelerregendem Masochismus auf dem Asphalt wegzutauen, konnte der Unterschied nicht größer sein. Da schoss mir ein Gedanke durch den Kopf: Wollte jemand gegen den Schnee klagen, so würden sich die Aussagen der Bäume und die des Asphalts so grundlegend unterscheiden, dass man kein gerechtes Urteil fällen könnte.

Als ich meinen Blick senkte, entdeckte ich auf einer Bank einen Alten, der genau wie ich die Äste betrachtete, dies jedoch mit einer gleichgültigen Gelassenheit tat, ablesbar an den Falten seines friedlichen, ja schönen Gesichtes … Während er dem anmutigen Spiel um Zweige und weißen Kugeln zusah, machte er einen bedrückten, ja schicksalsergebenen Eindruck. Darüber hinaus waren seine Gesichtszüge schwer zu deuten. Es mussten einige Sekunden vergehen, bevor mir bewusst wurde, dass er die Miene eines Zuschauers hatte. Vermutlich war er einer von jenen Alten, die bei ihren Kindern wohnten und sich dort überflüssig fühlten. Deshalb geht er, wenn nur möglich, von zu Hause weg, um nicht zu stören und niemandem zur Last zu fallen.

Zweifellos war er nicht gerade der Mann, der mir helfen konnte, doch er war als Erster zur Stelle und, wer weiß, vielleicht mehr als andere dazu aufgelegt, sich eine unglaubliche Geschichte anzuhören. Also näherte ich mich ihm und hoffte, das Geräusch meiner Schritte werde ihn auf mich aufmerksam machen. Er verharrte jedoch reglos, den Nacken weiterhin auf den Hemdkragen gestützt, den Blick in ruhiger und beunruhigender Kontemplation nach oben gerichtet, in die Ferne.

„Herr", rief ich, „Herr!"

Ich fühlte, dass er mich vom ersten Augenblick an gehört hatte, musste indes mein Rufen einige Male, jeweils eindringlicher und beharrlicher, wiederholen, bis er schließlich seine Stirn senkte und mich erstaunt und wie aus der Ferne anblickte.

„Herr", sagte ich, „bitte entschuldigen Sie, dass ich Sie in Ihren Betrachtungen unterbreche, doch hier in der Nähe finden sonderbare und bedrohliche Dinge statt, die ich jemandem mitteilen möchte, um auf irgendeine Weise aktiv zu werden."

Schon wollte ich aufgeben, so unaufmerksam und gleichgültig war der Blick des Alten, ich musste jedoch weiterreden.

„Nebenan in der Kirche, die Sie wahrscheinlich kennen und deren Konfession mir unbekannt ist, schneit es. Nein, nicht das wollte ich sagen. Dass es schneit, ist, wie Sie sehen, etwas ganz Natürliches, aber die Schmetterlinge, ich bin mir nicht so sicher, ob es die auch wirklich gibt, ich will bloß sagen, dass diese Schmetterlinge den gesamten Altar bedecken und nur ein Ohr und ein großes blaues Auge dabei freigelassen haben. Ich bin mir bewusst, dass ich Ihnen dies nicht ganz eindeutig schildern kann, aber bitte glauben Sie mir, dass das alles auch mir nicht sehr klar ist. Anfangs dachte ich, es wäre ein Wunder, das einfach mir zuliebe geschieht. Es scheint mir zu kompliziert, Ihnen das genauer zu erklären, aber ein solches Wunder hätte mich nicht erschreckt. Doch jetzt, verstehen Sie, jetzt, wegen des Schnees, weiß ich nicht mehr, was ich glauben soll. Vielleicht sind die Schmetterlinge real und stellen tatsächlich eine Gefahr dar. Bedenken Sie, jetzt, in dieser Jahreszeit, wo es eigentlich keine Spur von Schmetterlingen geben sollte …"

Ich war offensichtlich nicht imstande, ihn aus der Ruhe zu bringen, nicht einmal seine Aufmerksamkeit vermochte ich zu wecken. Verzweifelt zog ich ihn am Zipfel seines Mantels.

„Herr, hören Sie nicht? Die Kirche ist voll von Schmetterlingen."

Zum ersten Mal blickte er mich an und dies mit einem zweideutigen Mitleid. Ob es mir galt oder ihm, war nicht festzustellen. Er schaute mich lange an, vielleicht eine ganze Minute lang, danach sagte er leise wie zu sich selbst:

„Wenn es nur das wäre …"

Was mochte denn noch da sein? Der Alte wandte sich ab und richtete seinen Blick wieder nach oben zu den Ästen, mit einem Ausdruck, als wollte er sagen: Die Sprechstunde, die er mir gewährt habe, sei nun zu Ende. Ich aber fühlte, wie die Gefahr um mich herum ins Unermessliche stieg und mir der Boden unter den Füßen schwinden würde, wenn ich nichts dagegen unternahm.

„Was kann denn noch sein?", fragte ich ihn. „Was könnte noch gefährlicher sein, noch absurder als eine Kirche voller Schmetterlinge mitten im Februar? Es sind große, wunderschöne Schmetterlinge. Nicht, dass Sie glauben, es wären armselige, schäbige Motten!"

Der Alte blinzelte einige Male, vielleicht genervt oder nur schläfrig, und wiederholte mit religiöser Feierlichkeit seine Aussage wie eine Sentenz oder Maxime, „Wenn es nur das wäre …“, und schloss die Augen. Es schien, als sei er danach sofort eingeschlafen. Im gleichen Augenblick war ein Geräusch zu vernehmen, ein Gesurre, das von Anfang an da gewesen war, und wie ich es schon in der Kirche vernommen hatte, das jetzt aber viel deutlicher, durchdringender zu hören war. Nicht ein leises, kaum vernehmbares Summen, sondern ein Dröhnen, das von Augenblick zu Augenblick anschwoll, als würde es von Milliarden von Schmetterlingen oder von Millionen von Käfern erzeugt. Ich freilich wusste, dass dieses Geräusch von Schmetterlingen stammte, obwohl jene, die ich gesehen hatte, zu wenige waren, um ein so vielfältiges Rauschen in der Atmosphäre hervorzurufen. Was zu hören war, klang wie ein anhaltendes Dröhnen des gesamten Universums. Unwillkürlich wandte ich den Kopf, die Kirche stand immer noch da, einsam und verlassen wie eh und je, dunkel und unscheinbar mit ihren komischen, harmonielosen Kanten. Das Dröhnen, das sich um mich herum ins Unermessliche steigerte, mir im Hals pochte und ein Gefühl des Ekels sowie Brechreiz auslöste, schien nichts mit diesem Gebäude zu tun zu haben, das still dastand, ohne jede Anmut, erbaut nach architektonischen Regeln einer Konfession, die es schon seit langem nicht mehr gab.

Auch das Restaurant nebenan lag im eben aufleuchtenden Licht der Lampen menschenleer da, trostlos und öde. Es war offenbar jene Zwischenzeit, da nach dem Mittagessen die letzten Gäste das Restaurant bereits verlassen hatten und die ersten für das Abendessen noch nicht erschienen waren. Nur in irgendeiner Ecke saß manchmal ein Trunkenbold, für den die Einteilung der Zeit in solche Abschnitte bedeutungslos war. Heute aber war er abwesend und auch sonst war niemand zu sehen, auch nicht vom Personal, weder der Kellner, noch ein Barmädchen. Vermutlich hatten sie sich in die Küche zurückgezogen. Im gesamten Raum sah ich nur eine

Putzfrau, klein von Wuchs, fast kindhaft mager. Gedankenverloren kehrte sie mit einem Besen den Gang zwischen zwei Tischreihen. Als ich eintrat, würdigte sie mich keines Blickes, vielleicht hatte sie mich gar nicht bemerkt. Sie sah welk aus und irgendwie aus der Zeit gefallen. Es hätte eine frühzeitig gealterte Jugendliche sein können oder eine Mutter von mehreren minderjährigen Kindern. Ich näherte mich ihr. Ohne aufzublicken, setzte sie das Kehren fort, indem sie mit dem Besen einen Bogen um mich machte, als wäre ich irgendein Gegenstand im Raum. Sie hörte nicht auf zu fegen, auch dann nicht, als ich sie ansprach:

„Wissen Sie", sagte ich, „vielleicht sollte ich mich nicht an Sie wenden, vielleicht haben Sie gar keine Zeit, aber was ich zu sagen habe, ist für uns alle äußerst wichtig. Ich möchte Ihnen mitteilen, dass in der Kirche nebenan, gegenüber dem Restaurant, etwas Ungewöhnliches geschieht. Mag es Ihnen auch noch so seltsam erscheinen, Sie können mir glauben, denn ich habe es mit eigenen Augen gesehen. Die Kirche ist voll mit Schmetterlingen. Sie können sicher auch das Gesumme hören. Es ist hier viel lauter als in der Kirche. Nicht möglich, dass dieses Brummen, dieses Summen nur von den Schmetterlingen in der Kirche erzeugt wird, aber diese gibt es dort ganz bestimmt, ich habe sie gesehen. Wir sollten etwas unternehmen, glaube ich."

Ich hielt inne, ratlos wegen der abschätzigen Gleichgültigkeit, mit der mich die Frau beäugte. Ohne mich anzusehen oder mit dem Kehren aufzuhören, sagte sie leise:

„Als hätte ich nichts Besseres zu tun, als mich um Schmetterlinge zu kümmern …"

„Um Himmels Willen, liebe Frau, diese Schmetterlinge sind nichts Natürliches. Wo haben Sie schon Schmetterlinge im Februar gesehen und obendrein verlassen in einer Kirche? Sie könnten gefährlich sein. Liebe Frau, Sie sollten Ihre Kinder schützen", fügte ich hinzu, an ihrer Interesselosigkeit verzweifelnd.

Für den Bruchteil einer Sekunde hob sie die Augen und blickte mich an. Als ich darin unendliche Müdigkeit erkannte, blieb ich wie versteinert stehen. Später, als keine Antwort mehr zu erwarten war, hörte ich ihre Stimme hauchdünn flüstern:

„Wenn es nur die Schmetterlinge wären, vor denen ich sie schützen sollte ..."

Etwas an ihr brachte mich aus dem Gleichgewicht und entmutigte mich. Ich wurde unsicher und kehrte ratlos um, fest entschlossen, das Restaurant zu verlassen. Ich schämte mich, obwohl es keinen Grund dafür gab, und begann an der Ursache meiner Angst zu zweifeln. Draußen jedoch war das Gesumme so angeschwollen, dass es sich wie ein herankommendes Flugzeug anhörte. Durchdrungen von einer beunruhigenden Vorahnung lief ich, so schnell ich konnte, Richtung Theater.

Die Matinee-Vorstellung war noch nicht zu Ende. Im Flur brannten Lichter, am Eingang war aber niemand. Erst nachdem ich eingetreten war, erblickte ich eine Frau in schwarzem Kittel mit weißem Kragen. Sie erhob sich vom Sofa und kam auf mich zu, um mich aufzuhalten. Doch ich befand mich längst schon jenseits des Vorhangs, der den vollbesetzten Saal von der Tür trennte. Erst jetzt, hier, zwischen all den Jugendlichen, die am Rand standen, wurde mir die Absurdität meines Vorhabens bewusst. Was wollte ich eigentlich? Auf die Bühne gehen und eine Rede halten? Dort fand gerade eine Vorstellung statt. Bei näherem Hinsehen merkte ich, dass es um Ballett ging. Männer und Frauen in schwarzen Trikots und weiten Umhängen über den Schultern tanzten und schwangen ihre Arme auf und ab wie Flügel im Rhythmus einer rituellen Melodie. Eigentlich sah das Ganze eher langweilig aus, gleichzeitig aber lief mir ein Schauer über den Rücken, als mir dämmerte, dass diese Musik und dieser Rhythmus einen Sinn haben mussten, der sich mir nicht erschloss. Wie auch immer! Selbst wenn ich mich an jemand hätte wenden wollen, vielleicht an den gesamten Saal, was jedoch immer unwahrscheinlicher wurde, musste ich warten, bis der Tanz, den alle mit atemloser Spannung verfolgten, zu Ende war. Obgleich nichts Anstößiges gezeigt wurde, gingen von der Bühne seltsamerweise unglaublich obszöne Wellen aus, von denen alle ergriffen wurden, ohne zu begreifen, warum. Ich kannte dieses Gefühl nur allzu gut, wusste indes nicht mehr, woher. Alles, woran ich mich erinnerte, war die Tatsache, dass es mir nicht gut tat. Ich verspürte die Notwendigkeit, die Augen zu schließen und zu verdrängen, dass ich mich in einem Theatersaal befand. Dafür musste ich mich nicht besonders anstrengen, denn sobald ich die Augen schloss, brach die Musik ab und langanhaltender Applaus brauste auf, der sich stoßartig wiederholte. Trotzdem blieb ich hartnäckig und wollte die Augen erst am Ende der gesamten Vorstellung öffnen. Dieses Ende zog sich jedoch hinaus, fortlaufend ertönten Ovationen und begeisterte Bravorufe.

Und plötzlich verstand ich und öffnete die Augen. Ob meine Ohren aus dem Lärm die skandierten Vokabeln heraushören konnten oder ob sich meine ungestümen und hellseherischen Sinneseindrücke ordneten, Brücken schlugen zu den Gedanken und Verbindungen herstellten, das konnte ich nicht mehr mit Sicherheit sagen. Ich begriff jäh, dass die bunten Umhänge Schmetterlingsflügel darstellen sollten, dass die provokante Wollust, die den Saal erfasste, dieselbe war wie jene, die in der Kirche aus den fremdartigen Augen der Schmetterlinge hervorquoll. Und doch, welchen Sinn konnte dieses Affentheater haben, für das sich das Mysterium nicht zu schade fand? Wie erklärte sich die grenzenlose Begeisterung? Und vor allem, woher wussten die Tänzer von der Existenz der Schmetterlinge? Um sie so gut nachzuahmen, um sie zu spielen auf dieser Jahrmarktsbühne, musste man sie gesehen haben; um die Seidenstreifen der Umhänge so zu färben, musste man die violetten Flügel der Schmetterlinge genau beobachtet haben, auch die roten und die gelben. Aber dann wussten ja all die anderen viel mehr als ich, vielleicht hatten sie auch eine Vereinbarung mit den Schmetterlingen. Ich erinnerte mich jetzt ganz genau an jenen Moment in der Kapelle, da ich deutlich begriff: Wenn ich die Augen jetzt nicht schließe, bin ich verloren, dann übernehmen die Schmetterlinge die Herrschaft über mich. Ich erinnerte mich an die bedrohliche Kälte, mit der die Schmetterlinge nach meiner Verweigerung ihren Platz auf dem Altar einnahmen. Offensichtlich waren alle in ein Mysterium eingebunden, ein undurchdringliches Mysterium, das ich abgelehnt hatte, das sich deshalb gedemütigt fühlte und sich früher oder später dafür rächen würde.

Entsetzt blickte ich mich um und sah in lauter gerötete Gesichter. Der höllische Lärm, den der Applaus und die Bravorufe verursachten, vermengte sich mit dem Summen, das nach dem Ende der Vorstellung durch die weit geöffneten Türen eindrang. In Schweiß gebadet vor Angst und verscheucht vom Beifallssturm, der um meine Ohren peitschte, hastete ich hinaus.

Mir schien, als hätte ich eine halbe Stunde im Theater verbracht, als ich jedoch die dicke Schneeschicht sah, die sich in der Zwischenzeit gebildet hatte, begann ich nicht nur an meinem Gedächtnis zu zweifeln, sondern auch an meinem Verstand. Alles ringsum war weiß und flauschig wie ein zarter Traum. Vor dieser makellosen Schönheit erfasste mich eine erschlaffende Niedergeschlagenheit.

Was konnte mir schon passieren? Dass ich sterben würde? Der Tod unter einer solchen Schneedecke konnte doch nur wunderbar sein. Langsam überquerte ich den Park und betrachtete die Spuren, die meine Schritte auf der makellosen Schneefläche in den Alleen hinterließen und die flugs von neuen Flocken bedeckt wurden. Und ich musste daran denken, wie schön es wäre, wenn auch die Erinnerungen so wie die Spuren im Schnee verschwinden würden, nach und nach eingehüllt in ein reinigendes Vergessen.

Der Alte saß immer noch auf der Bank, auf der ich ihn zurückgelassen hatte, und schlief, dick eingemummt in eine weiße Decke, wie eine Statue oder ein Schneemann. Zuerst wollte ich ihn wecken, damit er nicht erfriere, sein Gesicht strahlte aber eine solch bezwingende Ruhe aus, dass ich dazu keinen Mut aufbrachte und mich neben ihn auf die Bank setzte.

Ich weiß nicht, wie lange ich dort gesessen habe, jedenfalls schlief ich nicht ein. Die Stille und die gedämpften Farben umhüllten mich wie ein Schleier, durch den ich die Umrisse wahrnahm, verschwommen und lieblich. Ich schlief nicht. Damit will ich sagen, dass mein Körper nicht schlief. Normalerweise erlaubt er in solchen Situationen dem Geist herumzuirren, neue Lebensmodelle zu entwerfen und zu träumen. Das Gegenteil war jedoch der Fall: Mein wacher Körper blickte mit entspannter Gelöstheit um sich, während der Geist einschlief, geschaukelt vom Rhythmus der fallenden Schneeflocken und vom Schlaf oder Tod des Alten. Es war eine schwer zu beschreibende Schläfrigkeit, an die ich mich bis ins kleinste Detail erinnere, und zwar mit einer derart gesteigerten Freude wie an Augenblicke, in denen ich dem Glück so nahe war wie nie vordem.

Ich weiß nicht, wie lange das anhielt. Auch die Zeit an sich senkte sich wie durch ein Sieb vom Himmel über mich herab und bedeckte mich mit einem weißen Belag, der immer dichter wurde und mich immer mehr isolierte. Irgendwann näherten sich uns drei Kinder oder auch Jugendliche, so genau konnte ich das wegen des Schnees nicht erkennen. Sie bewegten sich mit geschlossenen Augen vorwärts, indem sie mit unbeweglichen, abgesenkten Wimpern die Schneeflocken auffingen, auch mit den Zungen, um sie zu kosten, und mit ausgestreckten Händen, um sie zu erhaschen. In dieser Haltung erweckten sie den Eindruck von seltsamen Blinden, die glückliche und zugleich bedrohliche Laute ausstießen: Wegen der begierig nach dem kühlen Wunder herausgestreckten Zunge war ein unartikuliertes Lachen zu hören. Sie blieben vor mir stehen und wandten sich dann zurück, um die markanten Spuren, die sie mit den Schuhsohlen im Schnee hinterlassen hatten, stolz und fast schon erschrocken zu bewundern.

„Wir sollten uns bekreuzigen", rief einer von ihnen, und mit einer gewissen Ernsthaftigkeit suchten sie sich am Rande einen unberührten Platz. Das Gesicht mir zugewendet, breiteten sie die Arme weit aus und verharrten wie erstarrt in dieser Stellung. Es war, als turnten sie oder bereiteten sich in der nächsten Sekunde zum Fliegen vor.

„Eins, zwei", rief jener, der schon davor das Kommando gegeben hatte und jetzt in der Mitte stand. Seine Stimme klang beunruhigend lang hingezogen.

„Drei!" – In dem Augenblick, in dem auch dieses Wörtchen gerufen wurde, fielen sie so plötzlich nach hinten auf den Rücken, dass ich an die Schießbuden auf den Jahrmärkten denken musste, wo man für einen kleinen Geldbetrag ein Gewehr ausleihen konnte, um auf Blechfiguren zu zielen. Der Augenblick hier barg so viel Rätselhaftes und Feierliches, dass ich das profane Bild sofort vergaß. Die Kinder verharrten ausgestreckt im Schnee, der unter dem Gewicht ihrer Körper nachgab. Sie sprachen nicht und bewegten sich nicht, durchdrungen von einer Art stiller und rücksichtsvoller Pietät. Als sie sich endlich erhoben, taten sie es mit großer Sorgfalt, um den Abdruck ihrer Körper im Schnee nicht zu verwischen, und entfernten sich dann langsam, aufmerksam die Formen betrachtend.

Schwer kann man sich etwas Beeindruckenderes vorstellen. Nein, Kreuze waren es nicht. Im Fallen hatten sich die waagerecht ausgebreiteten Arme leicht nach oben verschoben, so dass die Formen eher an Figuren erinnerten, die zum Flug ansetzten, ein Schwarm Ikarus, der sich zum Schneehimmel erhebt. Ich betrachtete die Kinder und vermochte, so sehr ich mich auch anstrengte, keine Verbindung zwischen ihnen und den Formen sehen, die sie hier hinterlassen hatten. Ihr Abbild im Schnee war erhabener und hatte die Gabe, Ideen und Gedanken auszulösen. Stumm betrachteten sie selbst ihre Spuren, der beste Beweis dafür, dass ihnen die fehlende Übereinstimmung auffiel. Es war ein Augenblick tiefer Bewegtheit, gleichzeitig verspürte ich etwas Bedrohliches in der Atmosphäre, als bahne sich Unheil an. Die Kinder oder die Jugendlichen, vielleicht waren es auch Männer (jetzt schienen sie mir schon richtig erwachsen) flüsterten sich etwas gegenseitig ins Ohr. Mit Blicken, die plötzlich bös aufblitzten, raunten sie sich etwas zu, was ich nicht verstehen konnte. Gleichzeitig brachen sie in heiseres Gelächter aus, so dass mir angst und bange wurde und ich mich wunderte, wie ich hatte annehmen können, es mit Kindern zu tun zu haben. Beharrlich auf die Figuren zeigend, lachten sie so ausgelassen, dass sie nicht imstande waren, auch nur ein Wort herauszubringen. Sie hielten sich vor Lachen die Bäuche, wälzten sich im Schnee und hielten nur dann inne, als sie außer Atem geraten waren. Wie unter Zwang andauernd mit dem Kopf nickend und hechelnd, stießen sie mit ausgestreckten Armen immer das gleiche, unverständliche Wort hervor. Viel später, als sie sich beruhigten und wie Satyrn durch den aufgewirbelten Schnee hüpften, habe ich es verstanden. Heiser schrien sie:

„Sie ähneln Schmetterlingen! Ja, wirklich, sie sehen aus wie Schmetterlinge! Sie sind tatsächlich Schmetterlinge! Wir sind Schmetterlinge, wir sind Schmetterlinge!“

Nein, die Bilder im Schnee hatten keine Ähnlichkeit mit Schmetterlingen. Ich könnte darauf schwören, dass Schmetterlinge das Letzte sind, womit diese Formen vergleichbar wären. Erschöpft schloss ich die Augen. Was ging hier vor? Wer orchestrierte diese Welt, die beherrscht wurde von fliegenden Farben mit vor Wollust vergifteten Augen? Was konnte ich tun? Ich konnte ja nicht einmal verstehen. Erst jetzt, in diesem Augenblick, während sich die Schreie der drei immer mehr entfernten, begriff ich, dass sie hier, vor mir, gestanden hatten und mich nicht einmal bemerkten.

Ich erinnere mich, dass ich mit beruhigender Freude zu mir sagte: „Sie haben mich nicht gesehen. Ich bin zugedeckt mit Schnee, vielleicht existiere ich gar nicht mehr.“ Dabei wusste ich, dass dem nicht so war. Jeden Moment hätte ich die Augen öffnen und sehen können, was um mich herum geschah. Es schneite immer noch, allmählich stärker, mit ruhiger Hartnäckigkeit. Der Schnee wird die fliegenden Figuren bedecken, dachte ich mit Bedauern und suchte sie mit den Augen. Doch nirgendwo waren sie zu entdecken. Erschrocken sprang ich auf, ging einige Schritte nach rechts, dann nach links. Nichts war zu sehen. Rundherum in den Alleen, unter den Bäumen, lag der Schnee hoch, flaumig, unberührt. Obwohl die Fläche eben war, hatte ich den Eindruck, der Schnee wölbe sich in der Mitte wie ein Hefeteig, der wächst und wächst und immer runder wird. Gleichgültig, wie stark es schneite, war es trotzdem unmöglich, dass der Schnee in so kurzer Zeit all die eingezeichneten Formen verdecken konnte. Wieder hegte ich den Verdacht, dass mir das Zeitgefühl abhanden gekommen war. Ich zweifelte an meinem Gedächtnis und an meinem eigenen Verstand. Der Augenblick, in dem ich meine Augen geschlossen hielt, hatte Stunden, ja Tage gedauert, ohne dass mir dies bewusst geworden war. Oder hatte das, was vorher geschehen war, bevor die drei mit ihren Engelsformen auftauchten, auf einer anderen Ebene stattgefunden, hinter den geschlossenen Augenlidern und in Komplizenschaft mit dem Traum?

Auf der Bank saß niemand. Außer der Vertiefung, aus der ich mich erhob und die aussah wie das Loch, das ein gezogener Backenzahn im Kiefer hinterlässt, war nichts auszumachen. Der Alte, wenn es ihn tatsächlich gab, war wohl schon seit geraumer Zeit in den weißen Nebel seiner eigenen Unwirklichkeit entschwunden.

Langsam machte ich mich auf den Heimweg, mit einem Gefühl der Leere und doch innerlich gefasst. Ich ging am Theater vorbei, das längst geschlossen war und öde wirkte. Sein Schicksal war mir egal. Das Restaurant war von den gedämpften und schwer verständlichen Geräuschen belebt, die eine große, fröhliche Menschenmasse immer erzeugt. Zwischen den zugezogenen Vorhängen verirrten sich auf die Straße helle Streifen, die sich auf dem Asphalt in Lichtpfützen verwandelten. Auch die Kirche, stattlich und dunkel, stand verlassen da, so wie ich sie seit eh und je kannte. Gemächlich ging ich den Gitterzaun entlang und betrachtete das große Schloss, an den Enden einer um das Gitter geschlungenen Kette hängend, mit dem man das Kirchentor absperrte. Es schien sehr rostig und seit

Monaten, vielleicht schon seit Jahren nicht mehr geöffnet worden zu sein. Aber das wunderte mich nicht mehr. Wie ein Automat setzte ich meinen Weg fort, mit einer Gleichgültigkeit, die fast schon an Stärke grenzte. Ich wusste, wenn kein Hindernis meinen Weg kreuzt, könnte ich immer so weiter gehen bis ans Ende der Welt. Die Müdigkeit kam nicht von den Füßen. Ich habe festgestellt, dass seelische Erschöpfung mich fast zwanghaft zum Gehen antreibt, dass meine Krisen immer lange Fußwege nach sich ziehen.

Das Gehen entrümpelte mich, lockerte die Anspannung meiner Gedanken, meines Herzens. Ich fühlte mich jetzt nicht mehr angespannt, eher erschöpft. In den letzten Stunden – oder Tagen? – hatten mich so viele widersprüchliche Empfindungen heimgesucht, dass meine Seele sich weigerte, noch darauf zu reagieren. Ich fühlte die Notwendigkeit zu schlafen und dachte nicht daran, dass eben dieses Bedürfnis der Beweis war, dass ich nicht geschlafen und somit auch nicht geträumt hatte. Letztendlich war es nicht ganz sicher. Es gibt Morgen, an denen man müder aufwacht, als man sich abends hingelegt hat. Mit Sicherheit wusste ich jedoch, dass sich das Erlebte – ob Traum oder Wirklichkeit – mir so tief eingeprägt hatte, dass ich es nie mehr vergessen würde, dass mein Gedächtnis an der Last der Ereignisse bis ans Ende der Tage zu tragen hat. Ich war müde von den vielen durchlebten, ereignisreichen Stunden. Hatte ich jedoch das Recht, das Verrinnen der Zeit nach den banalen Gesetzen des Universums einzuschätzen, beginnend mit der vom Schneien geprägten Dämmerung bis zum Aufleuchten der Neonlampen? Ich war müde vom Alter. Mit Sicherheit hatten sich meine Jahre im Schlaf gemehrt.

Der Fahrstuhl war wie üblich defekt. Unser Wohnblock schaffte es immer wieder von neuem, alle vier Fahrstühle außer Betrieb zu setzen. Also mühte ich mich, die Treppen bis zum siebten Stockwerk hochzusteigen. Dabei peinigte mich das Gefühl, dass sie kein Ende nehmen wollten. Seltsamerweise füllten sich meine Nasenlöcher erst als ich mich dem siebten Stockwerk und damit meiner

Wohnung näherte, wieder mit dem Geruch, vor dem ich geflohen war und der immer besorgniserregender wurde. Die Glühbirne auf dem Flur war mal wieder kaputt. Ich tastete mich im Dunkeln vor bis zur Wohnungstür, schloss diese auf und schaltete das Licht ein. Im Vorzimmer war der Gestank unerträglich. Eine Art Nebel oder Rauch wogte in der Luft und der Fußboden war wie mit feinem Staub gepudert. Im Nebenzimmer hörte ich ein verdächtiges Geräusch und voller Panik öffnete ich die Tür. Meine Katze saß auf dem Tisch, die Muskeln angespannt, zwischen den Zähnen und Krallen einen riesengroßen, blau-schwarzen Schmetterling. Aus seinem Körper tropfte eine klebrige und dunkle Blutmasse auf das Fell der Katze und auf das Tischtuch, die aus den gleichen Farben gemischt schien wie die der Flügel. Einige Sekunden lang verharrte ich still und beobachtete die Szene, während meine Augen starr in die der verwunderten Katze blickten.

Frühling

Liebe Vogelscheuchen!

Vielleicht seid ihr es nicht gewohnt, dass sich jemand direkt an euch wendet. In eurer Umgebung verbreitet sich immer ein mysteriöser Schein eines verlegenen und peinlichen, vor allem aber lächelnden Opportunismus, den ihr mit Sicherheit gut kennt. Dass ich euch wie Menschen anspreche (und wer weiß, ob ihr nicht tatsächlich welche seid), erklärt sich, jedenfalls was mich betrifft, durch meine fehlende Begabung, opportunistisch zu sein – unnatürlich vielleicht. Was mich mit euch verbindet, ist ein ernsthafteres Gefühl, eine fast krankhafte Faszination, die vermutlich erst dann aufhört, wenn ich euch verstehen werde. Mit eurer Anwesenheit auf diesem von mir ersehnten Feld verbindet mich ein stärkeres Band als Liebe oder Hass: die Unmöglichkeit, euch zu verstehen.

Ich merke, wie ich vergesse. Ich merke, wie mit jeder Stunde, die vergeht, wieder eine Empfindung, eine Person, ein Gefühl nacheinander aus meinem Gedächtnis verschwinden, während ich in dieser endlosen und unerklärbaren Gegenwart verharre, da sich die Verbindungen zu der anderen, restlichen Zeit aufgelöst haben. Ich vergesse ungeduldig, genussvoll. Ich vergesse sogar mit einer Art Eifer des Vergessens, aber mir ist bewusst, dass es sich nicht um eine Krankheit handelt, sondern um eine Gemütslage, ein verschlafenes Glück, das mich Tatsachen und Ereignisse erleben lässt, ohne sie wahrzunehmen, so dass es normal ist, mich ihrer nicht mehr zu erinnern. Wie zu vermuten ist, vergesse ich jedoch keine Einzelheiten, sondern bewahre mir ein allgemeines, schematisches Bild einer Situation, einfach die farblose Darstellung ihrer Existenz.

Ich vergesse die wesentlichen Dinge. Ich vergesse ihre pure Existenz. Wenn jedoch eine zarte Vermutung übrig bleibt, das trübe Gefühl, dass doch etwas war, geschieht das dadurch, dass ich einige merkwürdige Einzelheiten erinnerte – etwa wie ein Steinchen sich einprägt durch die Sandalensohle oder die Art, wie sich jemandes Bart in eine unschöne Falte legt während eines Gesprächs oder, wie sich eine Biene auf meinen, bis zum Ellbogen entblößten Arm setzt.

Was mich jetzt so erschreckt, ist nicht die Tatsache, dass ich hier stehe, ohne zu verstehen, warum und wie ich hierher kam, auch ohne zu wissen, ob ich hier jemals wieder wegkomme. Wenn ich so richtig überlege, so erschreckt und erfreut mich nicht nur diese Verkettung der Ursachen gleichermaßen, die unabhängig von meinem Willen sind, ebenso die irritierende Unsicherheit, dass das, was ich erlebe, tatsächlich passiert und, dass das, was ich in meiner Umgebung sehe, mehr als Schatten sind, da ich in meinen Augen heute – wie gestern, vorgestern oder all die letzten Jahre – auch nur ein substanzloser Schatten bin, der durch Erinnerungen wandert mit kapriziösen Aufs und Abs, die von unbekannten Sternen bestimmt werden.

Ich glaube, dass es auf dem Markt begonnen hat. Vielleicht auch etwas früher, in dem Augenblick, als ich aufwachte und sah, dass es der 20. März war, und ich mich erinnerte, dass in Schaltjahren dies der Tag des Frühlingsanfangs ist. Eigentlich hatte das Datum keine große Bedeutung; es war lediglich eine Art Hinweis, eine letzte Entfesselung meiner inneren Spannung, die sich seit mehreren Tagen angestaut hatte, nicht so sehr in meiner Seele als vielmehr in jeder Faser meines Körpers. Was jedoch ärgerlich ist an der physischen Unbehaglichkeit, ist die Tatsache, dass sie endet, indem sich die gesamte Last der Schmerzen auf den Geist verlagert. Die Ursachen sind genau definierbar und wissenschaftlich beweisbar. Die Schmerzen verursachen eine nicht zu fassende grundlose Traurigkeit, die nicht mit den Qualen verschwindet, die sie merkwürdigerweise verursacht haben. Seit einigen Tagen fieberte ich körperlich dem Ereignis entgegen, obwohl ich meinen Körper kaum mehr beherrschen konnte, nicht so sehr wegen der Müdigkeit, sondern physisch, da mein Blut immer unentschlossener durch die heißen Kanäle meiner Adern strömte. Ich sollte mich eigentlich wegen des Ereignisses freuen, konnte es jedoch nur mit einer krankhaften Unruhe erwarten, die zwar ohne Ziel, aber nicht sinnlos war. Obwohl das genaue Datum des Frühlingsbeginns, der in diesem Jahr aus unverständlichen astronomischen Gründen auf einen Tag früher als sonst fiel, keine große Bedeutung mehr hatte, war es trotzdem der Vorwand für all die Spannungen, die ich erlebte. Ich war von dem Datum selbst und den nicht abänderbaren und erhebenden Gesetzen dieser Welt irritiert. Genau in jenem Moment, als ich die Augen öffnete und feststellte, dass es Frühlingsequinox ist, hat alles begonnen. Jener Tag sollte nicht mehr enden. Für das Wunder an diesem Tag fühlte ich mich verantwortlich – wenn auch zu Unrecht.

Wenn ich die Geschichte nun erzähle, wird mir bewusst, dass ich sogar das Wesentliche vergessen habe – wer weiß? Ich bin überzeugt, dass der ungewöhnliche Aspekt den Lücken meiner Aufmerksamkeit und meines Gedächtnisses entstammt. Diese Lücken, die dank der Müdigkeit der Logik von der Phantasie schnellstens ausgefüllt wurden, die verschiedenfarbig waren, ermöglichten eine vollkommene Veränderung der Ereignisse. Trotzdem glaube ich es nicht. Das Phantastische ist nicht das Gegenteil des Realen, es tritt nur dann bedeutungsvoller in Erscheinung, wenn meine logische Erinnerung lückenhaft ist, jedoch die sensorische und die träumerische genauestens erhalten bleibt und sich im Stadium eines ewigen und atemberaubenden Wachseins befindet. Ich kann mich auf sie verlassen.

Ich wachte noch etwas müder auf, als ich zu Bett gegangen war. Es schien, als ob mein Körper während der Nacht allein die zermürbende Anstrengung machte, um den Übergang von einer Jahreszeit zur anderen zu bewältigen. Ich sprang aus dem Bett mit einer Fieberhaftigkeit, die mich hätte erstaunen müssen, wenn sie nicht bereits von Anfang an das Gefühl beherrschte, von jenem ersten Augenblick des Aufwachens angefangen, dass etwas geschehen wird an diesem Tag, eine nicht genau zu erfassende Begebenheit, der zuliebe aber keine Eile übertrieben und kein Enthusiasmus überzogen war. Ich hatte eben einen düsteren und besitzergreifenden Winter überlebt, der meine letzten Kräfte in Anspruch nahm, um mich gegen die kalten Winterwände aufzulehnen, an dessen Ende ich aber entdeckte, immer noch lebendig genug zu sein, so dass ich zuversichtlich nichts anderes erwartete, als mich freiwillig und einzig als Opfer den Träumen und rücksichtslosen Phantasien des Frühlings hinzugeben.

Von allen Jahreszeiten ist der Frühling am unerträglichsten. Ich bin jedoch nicht sicher, ob dies der Tatsache zuzuschreiben ist, dass wir an einer explosiven, schmerzhaften, sensitiven Geburt der Natur teilnehmen, oder daran liegt, dass wir arme Städter von diesem entscheidenden Ereignis des Universums durch starre Wände getrennt sind, die unser Körper als Hindernis empfindet und unser Geist als Unterdrückung. Ich möchte betonen, dass ich nicht sicher bin, ob wir daran litten, dass die Stadt uns von dem Frühling trennt, oder, ob sie es nicht schafft, uns vor ihm ausreichend zu schützen. Gleichzeitig mit Beginn des Frühlings ist mein Körper ungeduldig auf der Suche nach den Plätzen, an denen er sich ihm hingeben konnte. Und er tat dies mit einem umso größeren Gehorsam, je mehr seine Kräfte begrenzt sind und er auf den Altar der eifrigen Opfer nur eine fast lethargische Masse aus lebendigem, verwirrendem Material bringen konnte.

Als Erstes musste ich meine Wohnung eiligst verlassen, die von der Erde durch sieben Stockwerke aus Stein, Glas und Plastik getrennt war. Ich musste auf die Straße laufen, die, obwohl in Asphalt gehüllt, zu einem Platz führen konnte, wo man die Erde erleben, wo man sie riechen, fühlen und sehen kann. Da der Frühling keine Zähmung des Himmels ist, sondern eine jährliche Revolte des Ackers, so sehr dies euch auch komisch vorkommt – obwohl ich nicht weiß, ob ihr Vogelscheuchen die Fähigkeit besitzt, dass euch etwas komisch oder nicht komisch vorkommt –, und um bei diesem Schauspiel dabei zu sein, gehe ich zum Markt. Parks ziehen mich weniger an, da sie zu anspruchslos, dem Menschen zu sehr unterwürfig sind, um noch den Pulsschlag der Natur darzustellen. Sie nehmen ihre Blumen aus den Glashäusern, die Pflanzen aus den Solarien, wo der Frühling vorproduziert und vor Ort inszeniert wurde. (Die Parks reizen mich nur im Herbst, wenn sie nach einem langen Leben, in dem sie stets versuchen, schöner zu sein als die Natur es wirklich ist, wenn die sterbenden Pflanzen plötzlich auf ihre Scheinheiligkeit verzichten und sich ihrem Verschwinden mit einer gewissen Erleichterung hingeben und erst dann eine phantastische und befreiende Schönheit erreichen.)

Sobald die Atmosphäre unruhig wird und atemberaubend nach Frühling riecht, führen mich die Straßen mit der ihr eigenen Kraft zum Marktplatz. Sie verwandeln sich in Kanäle, die mich auf die Breite dieses Ortes spülen, als wäre ich ein ungehemmter Wasserfall. So geschah es auch heute Morgen, als ich noch überlegte, wohin ich mich wenden sollte, und die Straße mich aber bereits zum nächstgelegenen Markt führte. Es war kein besonders großer Platz. Eine quadratförmige asphaltierte Fläche mit langen Tischen aus Beton, die unter weiten Torbögen, ebenfalls aus Beton, standen – ein graues Reich ohne Herr und erkennbaren Sinn, eine bedrückende aschgraue Architektur mit angemaßter Endgültigkeit. Im Winter ist dies der betrüblichste von allen betrüblichen Ecken der Stadt. In der vereisten und feuchten Wildnis sitzt an leeren Tischen, die noch hier und da von den Säften des Sommers befleckt sind, eine zerbrechliche Alte, eingehüllt in einen großen, braunen Schal mit langen Quasten, die man gerne streicheln würde wie einen Katzenschwanz, vor zwei Häuflein von dürren Möhren, die noch zur Hälfte beschädigt sind, sowie vor einigen dünnen Selleriewurzeln, die sich kräuseln und auf den Tischen wie winzige, doch nicht minder bösartige Gorgonen kauern. Am Ende der Stände verbreiten große

Fässer mit Salzlaken zur Hälfte bereits eingefrorenem Sauerkraut und Gurken ihren scharfen Geruch, als wären sie abgestorben in den vor Kälte zitternden blau gefrorenen Händen der schweigenden Bäuerinnen. Im Laufe des Winters kam ich mehrmals vorbei, um diese unveränderliche Landschaft zu kontrollieren. Die periodische Wiederkehr war die einzige Methode, das plötzliche Erscheinen des Frühlings zu erhaschen, der einen wundersamen Umsturz darstellte. Wenn man zwei oder drei Tage nicht vorbeigeht, kann es passieren, dass man den Augenblick verpasst. Man verpasst genau den Beginn des Frühlings, jene magische Sekunde, aus der heraus alles Weitere entsteht. Ich kann es nicht genau beschreiben, worin dieser auslösende Moment besteht. Alles, was ich euch sagen kann, ist, dass die langen Betontische und ihre Betondächer ihren Sinn zu jeder Jahreszeit haben. Es wird klar, dass sie erbaut wurden in eben jener Form, die man brauchte, um auf ihnen die paradiesischen Reichtümer aus Gräsern, Blumen und Zweigen auszubreiten, all diese Samen und Säfte, die in losen Blättern hier lagen und unentschlossen schienen, ob sie vergehen oder noch eine andere Form annehmen möchten. Salate, Kopfsalate, Stevia, Weintraubenblätter, Lindenbaumblätter, Petersilienblätter, Dillblätter, Veilchen und Hyazinthen, Krokusse, Narzissen, keine einzige Frucht, kein Obst, keine Nachzucht, keine Errungenschaft. Nur Blätter, nur Blumen, die über Nacht erscheinen wie eine Pflanzen-Hämorrhagie, die unaufhaltbar, grenzenlos, schmerzhaft und vielleicht tödlich ist.

Ich gelangte auf den Markt mitten in diese Kräuterwollust und begann mich zwischen den Ständen hin und her zu bewegen.

Ich betrachtete gebannt das Grün der Pflanzen, jenes Grün, das noch nicht so intensiv war, das eher weiß oder gelb oder einfach nur durchsichtig aussah. Es war jene zarte und zerbrechliche Farbe, von der ich nicht behaupten könnte, sie wäre grün, wie ich auch nicht den umhüllenden Schaum eines Neugeborenen Fleisch nennen kann. Wie man nicht von einer Farbe sprechen kann, kann man auch nicht von einem Geruch sprechen. Die Früchte, Knollen,

Samen, das Obst haben einen eigenen Geruch, jeder ist anders, einen reifen Geruch, lieblich, einen Geruch des Überlebens und der Fortpflanzung jedes Einzelnen. Die jungen Gräser aber, die Blätter, Blüten rochen lediglich nach Erde, wie kleine Kinder anfangs nach Milch riechen. Es war also klar, dass ich zum Markt ging, wie ich immer ging, da ich wusste, dass ich dort die Erde treffe, jene Erde, die ungenehmigt die Betongrenzen der Stadt überschritten hatte und in ihrer aufregendsten Form auf den Betontischen auftauchen sollte. Ich betrachtete die Erde, ausgestreut zwischen den Gräsern und Blättern und sah und fühlte, vielleicht nur aus Müdigkeit oder wegen der großen Anspannung, mit der ich zusah, dass ein leichter Schwindel mich erfasste und meine Sinne ausfüllte. Es war ein fast erotischer Schwindel, der trotzdem so rein daherkam.

Es war jener Schwindel, der mir seit langem bekannt ist, seit der ersten oder zweiten Klasse, seit Olaru Aurel, mein Banknachbar – dessen Vater Lokomotiven-Mechaniker war und der ihn einmal nach Bukarest mitgenommen hatte in die Stadt, wo die Häuser viel größer sind und alle Mädchen blonde Locken haben – mich während der Schulstunde ständig an meinen langen braunen Zöpfen zog, damit ich ihm einflüstere. Wie könnte ich euch diese Empfindung oder dieses Gefühl erklären? Es war mehr als eine Freude, eine Art stille Hysterie. Beim Langsamwerden der Sinne erreichte der Effekt in seiner Intensität den Schmerz. Die Tränen, die jeden Moment zu fließen drohen, sind ebenso unkontrollierbar wie unerlässlich. Ich glaube, dass ich zu weinen anfing, da ich mich plötzlich nicht mehr auf den Beinen halten konnte. Ich setzte mich nieder auf einen riesengroßen mit Salat gefüllten Korb, dessen Deckel aus Zweigen geflochten und rundum mit rostigem Draht vernäht waren. Ich glaube, dass ich, falls mich in jenem Moment jemand gefragt hätte, ob mir übel ist, nicht imstande gewesen wäre, klar zu antworten. Tatsächlich war mir übel, und wenn ich ehrlich sein wollte, hätte ich zugleich sagen müssen, dass es mir auch sehr wohl war. Mir war nicht übel, ich fühlte lediglich, wie die Erde in mir hochkroch und in mich eindrang. Und da dieses Gefühl dieser sensitiven Invasion so plötzlich und heftig war, musste ich mich hinsetzen und so ließ ich mich auf den Korb mit Salat nieder.

Da begann es. Ja, nun erinnere ich mich genau, dass es in jener Sekunde begonnen hat, mit jenem Unwohlsein, das eigentlich ein gewaltsames Vergnügen war, und mit jenem Augenblick der Verwirrung und des Verzichts. Ich glaube nicht, dass ich ohnmächtig wurde, und trotzdem weiß ich genau, dass ich plötzlich aufwachte. Ich möchte sagen, dass ich nicht das Gefühl hatte, mein Gedächtnis zu verlieren, aber ich hatte das Gefühl, dass ich es wiedererlange, als ich plötzlich aufmerksam in ein Gesicht blickte, das sich über mich beugte, um mehr als nur einen weißen Fleck mit zwei blauen hypnotisierende Vertiefungen wahrzunehmen.

Das alles geschah einen kurzen Moment lang, zu kurz, um zu erkennen, ob es sich um ein Frauen- oder um ein Männergesicht, um das eines Jugendlichen oder eines Alten, eines Freundes oder eines Feindes handelte. Bevor ich überhaupt den Grund seines neugierigen tiefen Herabbeugens ausmachen konnte, wandte er sich bereits ruckartig ab, so als wollte er seine herabhängenden prächtigen Haare auf den Rücken werfen. Er drehte sich dabei brüsk um und eilte weg durch die Menschenmenge, die sich mittlerweile rundherum angesammelt hatte. Hatte er eigentlich langes Haar? Vielleicht ja, vielleicht waren sie blond, da ich außer dem Weiß und Blau über mir auf meiner Netzhaut immer noch die Erinnerung eines hellen Schillerns hatte, ein goldenes Haar vielleicht oder aber eine solche Aura? Selbstverständlich dachte ich erst viel später daran, da ich während des Betrachtens ihn verfolgte und nicht viel sehen konnte, außer einem gelben Blitz, den ich wahrnahm, eine sich bewegende Krone, die schnell wieder in der Menge verschwand. In jenem Augenblick, es war nur ein kurzer Augenblick, fühlte ich mich zuerst empört und dann verlassen, betrogen, bis ich in folgendem Sekundenbruchteil aus meinen Salatkorb heraussprang und überstürzt die Verfolgung eines mir unbekannten Wesens aufnahm.

Ich konnte nicht sagen, was mich an ihm so fesselte, auch nicht, dass ich es wiedererkannt hatte. Aber etwas verband mich offensichtlich mit ihm: Ohne dass es mir bewusst war, spürte ich einen Drang, ich fühlte mich verpflichtet, entlang der Menge zu laufen, die an jenem Morgen die Straßen füllte. Ich begann zu laufen oder ruhigeren Schrittes zu eilen, je nachdem, wie sich jenes mysteriöse Wesen bewegte, obwohl ich es nur selten erblickte, dessen Bewegungen ich jedoch fühlte und sie mit meinen eigenen nachahmte. Ich durchlief das alte Stadtviertel hinter dem Marktplatz zwischen den zweistöckigen Gebäuden mit den vom abblätternden Putz fleckigen Fassaden. Die Fenster waren mit blauem, von der Sonne gebleichtem Papier bedeckt. Die Wände gesprenkelt von den vom Regen gelöschten Buchstaben, die noch an die Reklame für Waren vor dem Ersten Weltkrieg erinnerten sowie an bereits seit Jahrzehnten verschwundene Firmen. Ich lief vorwärts, auf überfüllten Straßen, entlang grollender Straßenbahnen, verschlossenen Verkaufsläden für Daunen und Federn, Werkstätten für Jalousien oder Läden zum Schleifen von Scheren und Messern der Fleischmühlen, entlang der Kioske, wo zuckerbestreute Kräppel mit dazugehörenden Sirups in Halblitergläsern angeboten wurden, und kleinen Konditoreien mit orientalischen Spezialitäten – Baklava und in Honig getränkte und mit Nüssen bestreute Süßigkeiten.

Ich lief automatisch weiter und erfreute mich am Anblick der in vorbeiziehenden Vitrinen ausgestellten verrosteten Gerätschaften, mottenzerfressenen Pelzmützen, altmodischer Kleidung, staubigen Stoffresteballen, Holzknöpfen, die auf Bestellung gefertigt und lackiert werden, Krawatten in der Reinigung, Fotos auf Porzellanschildern für die Grabsteine, Bürsten und Besen, Hüte – ich freute mich sinnlos über jedes gesehene Teil und zog weiter, ohne mich zu fragen, wohin ich gehe und auch nicht, warum und weshalb. Ab und zu erspähte ich den blonden Schopf, hinter dem ich her war. Das war jedoch nur eine Vergewisserung meines Ziels, das ich in mir spürte und dem ich bereitwillig, mit heimlicher Freude, folgte.

Der Frühling ließ mich ohnehin durch die Straßen wandeln – ich opferte ihm stets meine Wanderungen wie süchtige und erhabene Opfer. Aber die Tatsache, dass nun mein durch Eingabe erwählter Weg eine vernünftige Wirklichkeit ersetzte – wer weiß? – konnte mich weder erschrecken noch ärgern. Außerdem wusste ich seit dem ersten Moment, als sich dieses unbeschreibliche Gesicht über mich beugte, dass diesem, mich einnehmenden, unbestimmten Wesen die tiefe, auf Erden und im Himmel sich ausbreitende Erschütterung, nicht fremd war. Der sicherlich verschworene Gang zu einem mysteriösen Ziel konnte lediglich eine List sein, um die noch nicht frühlingsbereite Stadt zu durchqueren. Der Tag war ohnehin kein typischer Frühlingstag.

Der Himmel war von einer dicken Dunstschicht verdeckt – ich nenne es Dunst und nicht Wolken, da sie nicht die Form und Würde von Wolken hatten. Sie berührte unentschlossen und verwirrt die nassen Dachspitzen und stieg über die Dächer hinweg aufwärts in den Himmel. Aber das matte weißliche Licht, das sie durchkreuzte, rief perlenartige Reflexe auf den Gesichtern der Menschen, auf die es fiel, hervor sowie eine Art unerklärlichen Hoffnungsschimmer, der nicht trügen konnte. Außerdem bewegte sich die geschäftige und zielstrebige Menge um mich herum mit ungewöhnlicher Kraft, im Unterschied zu anderen Tagen. Sie schien getrieben von einer Begeisterung, die nur eine Ursache haben konnte. Im milchigen Licht des aufsteigenden Dampfes schienen die Gesichter nicht schön, sondern eher faltig und fahl, leichenfahl wie unter dem Neonlicht zu sein. Sie erschienen im alles entblößenden Sonnenlicht fester und straffer. Wenn ich sie jetzt wieder in meiner Erinnerung sehe, entdecke ich jene ungewöhnliche Begeisterung, die sie nicht unverändert lassen konnte. Ich würde alles hingeben – verzeiht, ihr Vogelscheuchen, dass ich es euch sage –, dass sie an eurer statt stehen könnten. Da, wo ihr steht, mit offenen Armen in der zweideutigen Geste der Umarmung oder Verdammung. Die unzähligen menschlichen Wesen, die ich im fernen Morgenlicht dieses endlosen Tages streifte, ohne sie nur eines Blickes zu würdigen. Wenn ich richtig nachdenke, so habe ich mich immer nach Menschen gesehnt, wenn ich allein war, ohne allein sein zu wollen, und ich habe mir sehnlichst und fast verzweifelt gewünscht, allein sein zu können, wenn Menschen sich zu sehr in meine Nähe drängten. Ein Kompromiss aus diesen zwei unvereinbaren Situationen ist das Umherziehen auf überfüllten Straßen, das Laufen ohne Aufenthalt in der Menge, die keine Zeit hat, sich in Individuen zu teilen – das wird mir jetzt bewusst. Nun verstehe ich, warum ich gerne Straßen ablaufe und mit Menschen zusammenstoße, ohne mich ihnen zu nähern: Auf diese Art konnte ich allein sein. Denn indem ich unter ihnen war, musste ich nicht mit ihnen sein, während sie aber mit mir waren.

Aber damals dachte ich sicherlich nicht an so etwas. Außerdem war ich in einem spielerischen und verantwortungslosen Zustand, ich schwebte zu sehr, um darüber nachzudenken. Ich fühlte mich leicht, zum Lachen und zum Fliegen bereit. Jene Schwäche, die mich auf dem Marktplatz befiel, als die magische Schwerkraft der Erde scheinbar von unten durch meine Blutbahn drang, schien mich auf ewig von jeglicher Stofflichkeit befreit zu haben, von jeder Kraft der Materie über meinen Geist, der sich kaum mehr in seiner zarten Hülle halten konnte, bereit, sich zu lösen, glücklich und unverantwortlich zu sein. Ich fühlte mich wie frisch verliebt – in wen bloß? Ich wusste gar nicht, ob die Silhouette, die vielleicht seit langem irgendwo in einer Seitenstraße verschwunden ist, eine Frau oder ein Mann war. Beschwingt, wie nach einem leichten Alkoholschwips, wirkte jede Möglichkeit giftig und euphorisch zugleich. Ich muss sagen, dass in mir – obwohl ich spielte und dem keine Bedeutung beimessen wollte –, langsam, aber kaum wahrnehmbar, eine abstrakte Bedrohung, eine Bedrohung an sich wuchs. Sie existierte vermutlich auf einer so tiefen Ebene, so dass auch ich sie nicht erkannte, auf der Ebene meines Unterbewusstseins. Doch das wurde mir erst viel später klar. Auf dieser Straße, auf der die Straßenbahnen verkehrten, aber immer weniger Menschen waren, je mehr wir uns vom Zentrum entfernten, wurde die Verbindung zwischen mir und der großen Silhouette mit der blonden schulterlangen Mähne, die voranschritt, ohne jemals zurückzublicken, immer deutlicher. Aber genauso deutlich musste es für einen Außenbetrachter sichtbar sein, dass ich ihn verfolgte – ich spreche von ihm, obwohl ich nicht sicher bin und nie sicher war, ob dieses unbestimmte Wesen so genannt werden kann. Umso klarer merkte ich und wusste auch, dass er es war, der mich zwang, ihm zu folgen. Ich meine, es war würdevoll und gleichgültig, fast überirdisch, wie er vorwärts schwebte, und doch war er es, sosehr das auch absurd zu sein scheint, der mir folgte. Und so kam es mir plötzlich in den Sinn, genau wie bei einem schlechten Start, wie es nur noch in der Liebe möglich ist, ihn auf die Probe zu stellen. Ohne nachzudenken, trat ich in den nächsten Laden ein, an dem ich vorbeikam.

Es handelte sich um eine der Konditoreien mit nur drei Tischen und einer Vitrine, die stets voll war mit verschiedenen Kuchen unter poetischen Namen, wahrhafte Architekturen aus Kokos und rosa-, blau- und limettenfarbener Butter. Wenn man sie betrachtet, denkt man viel eher an Seifen als an essbare Kostbarkeiten, und der Wunsch, sie zu genießen, ist ironischerweise weg. Ich verlangte einen Orangensaft, bezahlte und ging mit dem Glas in der Hand der Tür entgegen. Es war nur ein Versuch. Ich hatte nichts zu gewinnen und nichts zu verlieren, ich wollte nur sehen, ob ein Wesen, das ich nicht kannte und von dem ich nichts erwartete, zurückkehrt, um mich zu suchen. Während ich wartete, spürte ich, wie meine Finger, die das Glas hielten, zitterten. Ich versuchte, sie zu beherrschen, indem ich sie zum Mund führte, aber der Gläserrand klimperte beim Zusammenstoß mit meinen Zähnen. So musste ich aufgeben. Ich war sicher, dass er/es kommen wird, ich erinnere mich, dass ich sicher war, dass er/es kommen wird. Deswegen verstand ich nicht, warum ich zitterte. Vielleicht war es vor Aufregung, zu wissen, wer und was er ist, und vor allem, dass mir so bewusst wurde, wer wen verfolgt, er mich oder ich ihn. Es ist mir bewusst, dass das Problem auf diese Weise gestellt, komisch erscheinen mag, aber ihr müsst die Verwirrung und Verunsicherung verstehen, die zwischen beiden entsteht, nämlich jenem, der verfolgt und dem, der verfolgt wird, jener Person, die erschreckt und jener, die erschrocken wird. Obwohl ich sicher war, dass er kommt, merkte ich, wie mir übel wurde, als ich ihn vor der Vitrine des Cafés vorbeigehen sah, als ich ihn erkannte, bevor ich ihn wirklich kannte – wie sollte ich ihn eigentlich erkennen? Ich fühlte, wie der Boden unter mir wankte und in mich hineinkroch durch meine Füße bis zu meinen Knöcheln, zu meinen Knien und bis zur Hüfte und mir mehr Schwere verlieh. Ich stützte mich auf die Theke und wartete. Nicht lange. Er kehrte nach weniger als einer Minute zurück und stoppte mit dem Rücken zur Straße in der Tür und sah mich an. Er war wesentlich größer als ich. Und wie er so von hinten beleuchtet dastand, sah ich nur seine zarte Silhouette. Der im Tageslicht strahlende Kopf mit den hellen Augen, die viel lichterfüllter als der Rest des Gesichts waren, und die mich mit einem eindrücklichen, fast unerträglichen Vorwurf ansahen. Was warf er mir vor? Die naive List, mit der ich ihn enttarnt hatte? Oder die Tatsache, dass ich ihn verfolgte? Die Tatsache, dass ich mich verfolgen ließ oder nicht? Mir gelang es nicht, dies zu verstehen. Zu gleicher Zeit merkte ich, wie jener Blick mich endgültig verfolgte, die Schuld, die er mir auferlegte, fesselte mich für immer. Ich spürte, dass ich nicht mehr weiter wusste. Ich spürte, wie ich meinen Blick senkte, aber gleichzeitig merkte ich, dass ich nicht die Kraft besaß zu widerstehen, und wenn ich nun aufgab, werde ich besiegt sein, ohne zu verstehen, warum. Ich bleibe für immer ohne Hoffnung. Ich sah ihn an und fragte: Warum? Warum? Meine Lippen waren aber stumm, wie auch seine Lippen stumm waren. Dann gelang es mir mit letzter Kraft, scheinbar eine verzweifelte Bewegung in diesem Moment, die um Hilfe bat, einige Schritte auf ihn zuzugehen. Das erschreckte ihn – wie ich im selben Moment feststellen musste. Er zog sich ruckartig zurück, so plötzlich, dass er jene zwei Treppen, die er zur Tür des Caféhauses überschritten hatte, vergaß und fast auf den Rücken fiel. Es gelang ihm jedoch stehenzubleiben, er betrachtete mich eine Sekunde lang mit einem bedrohlichen oder bittenden Blick. Es war ein halluzinativer Blick, der Liebe oder Hass bedeuten konnte. Sodann machte er eine komische und unerwartete Bewegung, indem er sich auf die Plattform einer vorbeifahrenden Straßenbahn schwang.

Dann geschah alles blitzartig. Der Eindruck, dass er sich auf die Straßenbahn schwang, dauerte nur den Bruchteil einer Sekunde. Jedenfalls sah ich ihn, als er versuchte, sich an die Stange am Ende der Straßenbahnplattform zu hängen. Die Geschwindigkeit der Bahn war jedoch zu hoch, so dass ich in nächster Sekunde sah, wie er sein Gleichgewicht verlor, der Boden ihm unter den Füßen weggezogen wurde und er wurde nach oben gezogen, während er versuchte, sich mit aller Kraft mit der Hand an der Stange festzuhalten. Ich lief ihm nach und schrie ihm zu, er müsse die Stange loslassen, er solle sich hinabfallen lassen. Er schien mich jedoch nicht zu hören. Er war wahrscheinlich bereits tot. Sein blondes Haar schien sich immer weiter auszubreiten und bedeckte sein Gesicht vollends, es lag wellenartig über seinem Gesicht, so dass es ihn bei jeder Ruckbewegung der Straßenbahnräder erschütterte. Was jedoch noch seltsamer anmutete, war die Tatsache, dass die Straßenbahn sich schnell fortzubewegen schien, obwohl es mir gelang, im gleichen Rhythmus hinterher zu rennen, ohne ihn zu erreichen. Ich entfernte mich jedenfalls nicht von ihm und lief ihm nach, ohne zu ermüden. Wie lange dauerte eigentlich die Jagd? Eine Minute? Zwei? Plötzlich bemerkte ich, und es ergriff mich ein grenzenloses Grausen, dass sich seine ausgestreckte Hand nicht an der Straßenbahnstange festhielt. Ich sah, dass fast einen halben Meter dahinter seine Hand in der Luft hing, er aber trotzdem auf dem heißen Boden von der Bahn mitgeschleift wurde. Erst jetzt bemerkte ich, dass seine Gesten nur eine Pantomime waren, eine absurde Nachahmung, ein vergebliches Gestikulieren in der Luft, eine perfekte Inszenierung, eine makellose Illusion, die zur Wirklichkeit wurde. Als schließlich die Straßenbahn nach den Schreien der sich auf der Plattform befindenden Mitfahrer anhielt, erhob er sich langsam inmitten des Kreises der erschrockenen Neugierigen und zog sich am Rande der Straßenbahnplattform an der Stange festhaltend hoch. Er lehnte sich an diese, ohne dass er sie berührte, da eine schützende Luftschicht zwischen seiner Hand und der Stange war. Als es ihm gelang aufzustehen, sah man für einen Moment lang, dass er zauberhaft und völlig in Ordnung war, jedoch im nächsten Moment erstarrte seine Erscheinung wie in einer Filmszene, danach verschwand sie wie ein Nebelschwaden, ohne dass sie ihre präzisen Formen und bunten Nuancen verlor. Er trug – was ich erst jetzt bemerken konnte – ein weißes Kleid ohne besonderen Zuschnitt, so dass es das Gewand eines Engels oder gar nur ein einfacher Regenmantel sein konnte, der länger als üblich war und über den sein goldenes Haar blass leuchtete (fast traurig stimmend). Dann wurde er immer blasser, er verblasste, bis er sich in Luft auflöste. Die Menschen verstreuten sich wieder, ohne sich zu wundern, die Straßenbahn fuhr weiter. Es war eine derart alte Bahn, so dass sie fast nur noch wie eine Dekoration daherkam. Ich hatte genügend Zeit, auch diese zu bestaunen.

Die törichte und gespannte Aufmerksamkeit, mit der ich alle Einzelheiten meiner Umgebung beobachtete, war lediglich die Furcht, die alles verwarf, damit ich nicht an meine Gefühle erinnert werde. Eine tiefe, mir ins Fleisch schneidende Schuld, die wie beim kleinsten Zusammenzucken schmerzte, war eine vollständige, unumkehrbare Schuld. Es war sinnlos zu versuchen, sie zu verstehen. Ich war überzeugt, dass ich einen Fehler begangen hatte, da ich an einer mir unbekannten Stelle geheime Gesetze gebrochen hatte, wofür ich nun auf eine Weise bestraft wurde, die so grauenvoll war, dass mir das Ausmaß gar nicht bewusst wurde. Der bis in die Tiefen meines Gehirns dringende Vorwurf in den Augen jenes Wesens, das auf so merkwürdige Weise verschwunden war, konnte ich nie wiedergutmachen, da ich nicht wusste, worauf er sich genau bezog. Die völlige Hilflosigkeit vor diesem Rätsel traf mich inmitten meines Weges.

Ich befand mich auf einer Art Piazzetta, wo die Straße breiter wurde wie eine Bucht, um danach wieder enger zu werden. Ich stand genau im Zentrum auf der Straßenbahnlinie. Um mich herum waren alle Häuser gleich weit entfernt und alle gleich hässlich, geschrumpft, mit armseligen Verzierungen und sinnlosen Balkonen ohne Blumen, jedoch versehen mit Gipsengeln und Girlanden. Ich fühlte mich todmüde unter diesem hellen, vom Morgendunst freiwerdenden Himmel, der irgendwie fröhlich und anstrengend strahlte. Ich wollte mich gerne auf die Erde fallenlassen und auf den Schlaf warten. Aber es war keine Erde zu finden, es gab nur ein Pflaster, bedeckt von einem Schleim, der sich gleichmäßig auf den quadratischen und gewölbten Steinen ausdehnte. Hinter mir näherte sich eine hupende Straßenbahn. Zuerst tat ich so, als hörte ich sie nicht, doch im letzten Moment trat ich unter den Flüchen des Zugführers einen kleinen Schritt zur Seite, bevor ich mich entschied, wohin ich gehen möchte.

Ich konnte nicht anders, als weiterzugehen. Nicht unbedingt, um dem Weg des merkwürdigen Wesens, das mich dorthin geführt hatte, zu folgen, sondern auch, weil entfernt, vielleicht sehr weit entfernt von mir, irgendwo die Erde sein musste, das freie Feld, auf dem man die Pflanzen wachsen hört. Ich schritt weiter voran mit dem Gefühl, dass ich meine Pflicht erfülle, und mit der Eile, die eine solch zeitlich vorbestimmte Aufgabe erforderte. Was noch merkwürdiger war, dass ich genau in diesem Augenblick zum ersten Mal, seitdem ich aufgewacht war an jenem Tag, das Gefühl hatte, dass sich nichts Außergewöhnliches ereignet oder ereignen wird. Ich erwartete nichts mehr, ich erlebte ein Wunder und dies erschien mir normal, so dass ich ihm folgte. Ich verlor dabei den Blick für die Wirklichkeit sowie die daraus entwachsende erstaunliche Furcht.

Ich möchte nicht behaupten, dass die Bedrohung, die in mir aufstieg, verschwunden war. Sie löste sich in dem tragischen und unbegreiflichen Unfall auf, den ich miterlebt hatte. Aber gleichzeitig vollzog sich mit der Furcht und dem aus Schuld empfundenen Zittern eine leichte Zeitverschiebung: Zukunft wurde Gegenwart. Sie verlangte von mir nicht mehr die Kraft zu verhindern, dass sie vollzogen wird, sie war bereits vollzogen. Von allen Schwierigkeiten war ich von der am schwersten zu ertragenden erlöst. Eigentlich konnte ich weder sagen, dass ich mich besser fühlte, noch, dass es mir leichter fiel als vorher: Ich wusste nun einfach, dass ich nicht mehr zurückkonnte, und das vereinfachte plötzlich Vieles.

Ich ging weiter voran. Obwohl die Straßen der Stadt zu Ende schienen, erreichte ich nicht das von mir erträumte offene Feld, sondern eine große architektonische Ansammlung. Ich kam in ein neues Viertel, das plötzlich vor mir lag, das von den alten Straßen getrennt war durch eine breite Querstraße. Es war wie eine kurze Atempause, nach der alles wie ein Ungetüm ohne Glanz, aber nicht ohne Pracht nach oben ragte. Die zehn Stockwerke hohen Wohnblocks, die dort heranwuchsen neben den anderen Schöpfungen der Peripherie, schienen mit diesen nicht verwandt, nicht denselben Zweck zu haben und auch nicht demselben Reich anzugehören. Obwohl in den Wohnblocks sicherlich viel mehr Menschen wohnten als in den niedrigen Häusern der Elendsvierteln, schien hier die Anwesenheit des Menschen weniger dominant, denn es fehlte die menschliche Unordnung und Unterschiedlichkeit. Die Wohnblocks waren, soweit das Auge reichte, alle gleich, dieselben zehn Stockwerke aus Beton, gestrichen in denselben Pastellfarben, die angenehm für die Augen waren, jedoch beliebig daherkamen. Alle Blocks hatten drei Eingänge, mit Bezeichnungen aus Ziffern und nicht miteinander verbundenen Buchstaben mit einem gewissen Sinn sicherlich; mit gleichen Balkonen, Fensterläden, Schlössern, mit den gleichen hängenden Waschküchen in der elften Etage. Es schien, als ob eine höhere, unbeeinflussbare Macht all diese Familien klassifizierte, ihre Anordnung übereinander festlegte, vielleicht ihren Platz in Raum und Zeit bestimmte, die Art ihrer Entwicklung im allgemeinen Fortschritt und ihre Bewegung zwischen diesen riesigen Orientierungspunkten aus Beton und Kalk. Die Menschen waren wahrscheinlich alle auf der Arbeit und die Kinder in der Schule. Nichts schien sich zu bewegen, nichts lebendig zu sein in diesen riesigen wabenartigen Betonklötzen, über welchen die warmen Frühlingswolken fast fühlbar herabstiegen. Ich ging weiter zwischen den Blocks umher, ohne einen bestimmten Weg zu verfolgen, und wechselte immer wieder die Richtung in den Asphaltalleen, die sich von einem Eingang zum anderen hinstreckten. Es war eine derartig tiefe Stille, so dass ich den Eindruck hatte, selbst den Nebel zu hören, der sich an den klumpigen Wänden rieb, wo in den Rissen lange Nebelschwaden wie gesponnene Seide hängen blieben. In dieser nicht stadtgemäßen Stille, in dieser Wüste, die die Seele ermüdete und beunruhigte, sah ich plötzlich etwas, das alles zu retten schien. Es konnte zumindest theoretisch die Ursache für eine Rettung sein.

Einer der Eingänge eines Blocks war schwarz umhängt – ein Schwarz, das in jener dichten Nebelatmosphäre eher grau erschien, ein staubiges Grau. Vor dem Eingang warteten mehrere Menschen – vielleicht waren es zwanzig, dreißig –, die ebenfalls schwarz gekleidet waren. Wahrscheinlich handelte es sich um einen Todesfall, um ein Begräbnis. Dieses nicht eingeplante Lebenszeichen in der Kunstwelt, dieser einzige gesellige Vorgang störte plötzlich die Geometrie des Rahmens. Es widersprach der Vereinheitlichung – es vermenschlichte alles. Ein schwarz-silbriger Leichenwagen mit zwei maskierten Pferden fuhr die Allee entlang, ein altmodischer Leichenwagen mit Engeln und silbernen Quasten, mit dicken Glaswänden und anspruchsvoll geschwungenen Säulen in allen vier Ecken des Wagens. Die schwarzen Umhänge der Pferde waren mit Fransen und Federn verziert, die matt leuchteten. Er fuhr langsam voran mit einer leeren Stelle dort, wo der Sarg stehen sollte, und zwei schmächtigen Alten, die feierlich auf dem Bock saßen. Seine Erscheinung in dem Viertel war so obsolet und altmodisch, so erstaunlich, so unpassend zu all dem, was man in der Umgebung sah, dass ich meine Traurigkeit vergaß und es mich mit einem Gefühl des Sieges der Menschen über die Betonwelt erfüllte. In diesem Rahmen, gebildet von unterbrochenen Linien im rechten Winkel, sich endlos wiederholend, war der Tod – der nur ein Punkt ist, ein von Furcht an den Glauben und an Gewohnheiten in Gedichten und Philosophien durchsetzter Punkt – ein nonkonformistisches Element. Es ist der einzige unvorhersehbare und unmöglich zu beherrschende Teil in diesem System der perfekten Bestimmungen. Die Beton-Wohnklötze – als der Wagen an ihnen vorbeizog, ein lächerlich verzierter, affektierter und anspruchsvoller Emissär des Todes – erwachten zum Leben, sie belebten sich, die Fenster öffneten sich und Gesichter von Großmütterchen, Köpfe von alten Männern, die sich wie im Zeichentrickfilm bewegten, erschienen im Fenster, um mehr nostalgisch denn furchtvoll, mit mehr kindlicher Neugierde denn mit makabrer Ungeduld, das Vorbeiziehen des feierlichen Gesandten des Nichtseins zu verfolgen, der von zwei Pferden auf quietschenden vier Rädern gezogen wurde.

Wie erklärt sich eigentlich des Frühlings Verwandtschaft mit dem Tod? Wie erklärt es sich, dass sich die Spalten der Todesanzeigen der auflagenstärksten Zeitungen gleichzeitig mit dem Verschwinden des letzten Schnees verdoppeln? Wie erklären sich die fünf bis sechs Nachrufe auf Schriftsteller, Akademiker, die auf den ersten Seiten der Kulturzeitungen zusammen mit den ersten Frühlingsblumen erscheinen? Und wie das Verschwinden von zwei bis drei Alten aus den Reihen vor dem Milchladen an der Straßenecke? Welche Verbindung gibt es zwischen Frühling und Tod, wenn nicht die tiefe Verwandtschaft, die Unauflöslichkeit zwischen Leben und Tod, die uns die Natur in ihren erhabensten Momenten vorzeigt, wie einen strahlenden Beweis ihrer Vollkommenheit und ihres Gleichgewichts? Aber, was auch immer der tiefere Sinn ist, für mich ist diese Verbindung so selbstverständlich, so dass ich beim Erscheinen der ersten Körbe voller Schneeglöckchen der Zigeunerinnen auf den Straßen beginne, die Anzeigen in den Zeitungen aufmerksamer zu studieren.

Der Leichenwagen hielt vor dem schwarzverhängten Eingang. In dem engen Treppenaufgang des Blocks, der begleitet wurde vom Murmeln, es handelte sich um ein Todeslied eines Kantors, der dem gelben, kaum polierten Holzsarg stolpernd folgte. Der Sarg war fast zu bescheiden für den Phaeton, der sich, obwohl heruntergekommen, eine einschüchternde Würde und das sichere Bewusstsein einer vergangenen Pracht bewahrt hatte.

Ich reihte mich, von den anderen gleichgültig betrachtet, mit in den Zug der Gruppe ein, die sich gebildet hatte. Der Konvoi bewegte sich zwischen den Wohnblöcken vorwärts, blieb ab und zu stehen, während der Pfarrer an der Spitze des Zuges, der seine Stola über den mit einer Mütze bis über die Ohren bedeckten Kopf und den riesigen Mantel gezogen hatte, immer wieder begann, eilig ein Gebet zu sagen, indem er die letzten Worte der Zeile mit zitternder Stimme lange hinzog. Beim Vorbeigehen des Zuges sah ich, wie sich in den umgebenen Blocks hier und da ein Fenster öffnete und eine alte Frau in Eile das Kreuz auf ihre Brust schlug, um sodann mit einem ausdruckslosen Blick im Leeren hängen zu bleiben. Mir wurde bewusst, dass der Tote ein alter Mann sein musste, da der Konvoi hauptsächlich aus älteren Menschen bestand. In den ersten Reihen gingen auch ein paar Jugendliche, die eine alte Dame mit altmodischem Hut und langem Schal stützten und dabei unbehaglich um sich blickten. Es weinte niemand, selten nur seufzte die Dame mit dem Schleier lange, was gleichermaßen das übliche Zeichen einer Erschöpfung nach stundenlangem Weinen sein konnte oder das übliche Zeichen eines Pflichtschmerzes, der verspätet eintrat. Die anderen waren in der Mehrzahl Männer, die, nachdem sie sich versammelt hatten, mit einer fast gleichgültigen Ruhe auf das Herabsteigen des Sarges gewartet hatten, dem Sarg folgten und sich leise unterhielten, erstaunt unterbrochen nur, wenn der Pfarrer an der Spitze, für einige Minuten stoppte, um sein Gebet mit langatmigem emphatischen Endsilben zu sprechen. Man sprach hauptsächlich über einen der Schwiegersöhne des Toten, der angeblich vor kurzem promoviert wurde. Der Beweis dafür war das schwarze Auto mit Fahrer, das dem Menschenzug folgte. Es stimmte. Am Ende des eher ärmlichen, durch die Straßen so unwirklich schleichenden Konvois fuhr ein Auto, ein schwarzer Dacia, dermaßen langsam, dass es kaum die niedrige Geschwindigkeit halten konnte. Wie die geschwätzigen Alten festgestellt hatten, war deren Schwarz nicht das des Todes, sondern im Gegenteil, es passte nicht dorthin, da es dem Tod entgegengesetzt war. Es war ein Zeichen des Wohlstands, nicht des Verschwindens. Die Anwesenheit des kraftvollen und leuchtenden Schwarz des Wagens gab dem Geschehen eine vertrackte Note und bildete das Korsett, das nicht auf den ersten Blick verständlich war, da es bis dahin bei vollständigem Verstehen zweideutig und im falschen Kontext klang.

Wir bewegten uns wahrscheinlich auf einen Friedhof zu, obwohl ein Friedhof zwischen diesen nur etwa zehn Jahre alten Wohnblocks ziemlich unwahrscheinlich schien. Wer weiß, vielleicht werden wir einen finden, irgendwo am Rande der Stadt, auf dem Feld. Und der Gedanke, dass wir am offenen Feld ankommen, rief bei mir einen Freudenschauer hervor, den lediglich die Idee des Todes etwas einschränkte. Zu meiner Verwunderung tauchte zwischen den Wohnblocks eine kleine, zerbrechliche Dorfkirche auf. Sie war eher hässlich, in ihren Linien war kein fester Stil festzustellen. Sie hatte ein neues Blechdach, das mit Stolz strahlte. Es handelte sich mit Sicherheit um die Kirche irgendeines Dorfes, das sich einst auf dem Gelände dieses Viertels befand und das die ausgreifende Stadt verschlungen hatte, so dass von der gesamten Siedlung nur jene Kirche stehen blieb. Sie taugte zwar wegen fehlender Persönlichkeit nicht zum Symbol, war aber trotzdem zu auffallend, um bedeutungslos zu sein. Ihr Glockenturm reichte kaum bis zur fünften Etage der Wohnblocks um sie herum, die sie zu erschrecken schienen, obwohl sie augenfällig nicht ihresgleichen waren. Sie war bescheiden, völlig frei von Ornamenten – und wie soll ich sagen? – zweckmäßig, wenn man dies von einer Kirche sagen kann. Diese Kirche war nicht von der Pfarrgemeinde erbaut und erhalten worden, um deren Stolz auszudrücken, weder um eine philosophische oder künstlerische Aufgabe zu erfüllen, wie es der Fall ist bei so vielen bekannten Kathedralen, Klöstern und Kapellen, möchte ich hervorheben. Sie war nur eine Kirche. Nicht mehr und nicht weniger, ein Platz, wo die Riten der Taufkunst, der Hochzeiten, der Begräbnisse erfüllt wurden. Riten, über deren Sinn und Bedeutung keiner mehr den Wunsch und die Zeit hatte, nachzudenken, aber ohne deren Erfüllung sie sich abgeschnitten fühlten von der endlosen Reihe von Generationen, die sie jahrhundertelang vollzogen haben.

Hinter der Kirche war der Friedhof. Ein einfacher und normaler Friedhof, der selbstverständlich an der Kirche lag, wie gewöhnlich in einem Dorf, der jedoch dort in dem Betonwald absurd und wirklichkeitsfremd erschien. Er war nicht groß, er war eher klein, der Friedhof des einstigen Dorfes eben. Er hatte keinen Zaun, seine Grenzen waren offen und ohne Befestigungen, nur durch die Wohnblocks rundherum festgelegt, deren Fenstern und Balkone sich zu ihm hin öffneten, wie auf einen gewöhnlichen Park hin, in dem der Tod nur nebensächlich ist. Die erbarmungslose Vereinnahmung des Todes, das Fehlen von Skrupeln des Lebens, das ohne Hemmungen bis auf Feindesgebiet vorrückte, welches wie besiegt aussah, gab mir ein unwohles Gefühl, wie stets, wenn ich auf eine Lüge treffe, die ich nicht entlarven kann, aber deren Zurschaustellung mich empört und mich schmerzt. Während sich um das offene Grab die Gebetsstunde leise mit den sich wiederholenden Gebeten und den schaukelnden Gesängen hinzog, schwebte der zum letzten Mal geöffnete Sarg in einem zweifelhaften Gleichgewicht über der Leere des Grabes. Der Tote war wahrlich ein alter, sogar ein sehr alter Mann mit strengem und rauem Aussehen wie alle Toten, aber mit fast verschwindendem Körper, eingehüllt in ein Kostüm, das viel zu weit war, und mit ein Paar Schuhe, die in ihrer Länge nicht von seinen Füßen ausgefüllt sein konnten. Die alten Herren, die während des gesamten Weges mit leiser Stimme diskutiert hatten, zogen nun aus ihren Taschen gefaltete Papiere, von denen sie die blumig-literarischen Elogen für den Verstorbenen theatralisch vortrugen. Der Tote war offenbar eine Persönlichkeit, eine große Seele, ein großer Mann, beispielhaft und ein Vorbild. All die großen Worte, die rundum gesprochen wurden, zerplatzten wie Ballons an den scharfen Kanten dieses armen Wesens, das nicht mehr lebendig war, das aber in dem gnadenlosen Betonbau-Kessel eine Bedeutung hatte, da seine Botschaft die totale Niederlage war, bedingungslos, hoffnungslos, sinnlos. Die Strenge auf seinem spitzen Gesicht war umso überflüssiger, je ersichtlicher es war, dass er niemandem mehr Vorschriften machen konnte, und es keinen mehr beeindrucken konnte, wenn er nicht einverstanden war. Ich wartete nicht, bis das Begräbnis endete. Ich verspürte eine Ungeduld, eine angenehme Beklommenheit, die fast schon unerträglich war. Und ich hatte das klare Gefühl gehabt, dass ich hierhin gelangen musste, meine Eingebung funktionierte perfekt, als ich dem Begräbniszug folgte. Aber ich spürte, dass ich nicht wegen des Begräbnisses hingeführt wurde.

Zuerst hörte ich die Vögel. Wahrscheinlich hatten sie auch vorhin gesungen, hunderte oder vielleicht auch tausende von Vögeln, die alle auf einmal zu singen anfingen und sich nur gegenseitig noch unterbrachen. In diesem Moment hörte ich sie so plötzlich, als hätte jemand einen Knopf gedrückt und die klangvolle Welt freigesetzt. Der Klang stammte von zehn oder mehr Vögeln, die erstaunlich laut und melodisch klangen. All diese Pfeiftöne waren wahrscheinlich Lieder, ein Geschrei und Gekreische, all dieses Keuchen und Seufzen, das schallende Lachen handelte von Streitereien, Unterhaltungen und Liebesbekundungen, Hasspredigten und Freudenausbrüchen in ihrer unergründlichen Sinnlichkeit. Im Schein der aus dem Nebel aufsteigenden Sonne – sie stieg leise auf, mit dem Ausdruck, dass ihr Auftauchen normal sei, da sie nicht verspätet war und nicht auf sich warten ließ, obwohl ich hätte schwören können, dass es eine Ewigkeit her war seit dem Morgengrauen – ließen die Vögel ihrer triumphierenden Vitalität lärmend freien Lauf, so dass es fast demonstrativ wirkte. Ein angenehmer Verdacht beschlich mich. Ich vermutete, diese Vorführung fand nur für mich statt. Auch erschienen die Vögel nun gezielt vor mir, anfangs hatte ich sie nicht bemerkt. Sie sprangen, hüpften, schlugen Purzelbäume, berührten mich im Vorbeifliegen mit Flügeln und Schnäbeln, sie umflogen mich, setzten sich eine Sekunde lang auf ein Grab, um von dort wieder aufzufliegen in einer schwindeligen Begeisterung, die den gesamten Himmel umfasste, der sich drehte. Ein sich vorwärtsbewegender Himmel, der mich auf diese Art begleitete in der Zeit, als ich abermals geradezu körperlich das Gefühl hatte, dass ich verfolgt wurde und dass etwas passieren wird. Eigentlich geschah es auch. Entweder waren sie bisher auch schon da oder sie tauchten erst jetzt auf, als ob sich ein Vorhang hebt. Oder sie schossen im letzten Augenblick hervor wie in einer zauberhaft vegetativen Ausschweifung, all die Blumen und Blümchen, all die Knospen, Grashalme und Äste, die sich wie Lebewesen bewegten unter dem entfesselten Aufstieg der Säfte? Auch die Büsche raschelten, fertig zum Austrieb ihrer Blätter, als ob sich alle miteinander verständigt hätten, eine in Minuten ermessene Vorführung zu machen, fähig, die Seelen zu ergreifen und die Geister ins Delirium zu bringen. Es gab eine offensichtliche Komplizenschaft zwischen den Pflanzen und den Vögeln. Sie alle waren von demselben Taumel erfasst, von derselben Ungeduld, die ohne Zweifel etwas vorbereitete, von demselben hartnäckigen Ehrgeiz, mich in ihren Gemütszustand zu führen, mich darin aufzunehmen. Ich hatte keinen Grund, dies zu tun und auch nicht die Kraft dazu. Es roch so stark nach Erde, dass dieser Geruch sich verfleischlichte und mir einen gewissen eingefangenen Schwindel bereitete. Aber dieses Spiel der Benommenheit ließ mich die Welt um mich fühlen, als drehe sie sich um mich, freudetrunken, die die Zeit nicht mehr erforschen und verstehen konnte. Was konnte man aus diesen ewigen und unvergänglichen

Mysterien schon verstehen? Mein Blut, das mit dem Saft zusammenfließt? Oder konnte der Saft dieser Pflanzen wie das Blut zum Schwindel führen? Es roch nach Erde, wie es bei der Erschaffung der Welt gerochen haben muss. Es roch nach allesgebärender Erde und all den frischen und alten Toten, schönen und hässlichen, jungen und greisen, siegreichen und besiegten – die euch mit ihren organischen Substanzen und mit ihren Gefühlen ernähren, die sie immer erneuerten und um Millionen von Jahren verjüngten. Es gelang nicht, die Kraft der Freude zu schmälern, die fast physisch war und sich über die duftende Erde ausbreitete. Ich ließ mich auf eine Grabplatte nieder, müde von all den Sensationen und voller Emotionen gegenüber den anderen Lebewesen, besiegt von jener süßen und ungleich traurigen Müdigkeit von dieser Erschöpfung – verzehrend und fast verlockend –, die man Frühjahrsmüdigkeit nennt.

Ich fragte mich immer, ob jene Frühlingslethargie unserer Körper, die Willen- und Kraftlosigkeit, die uns gleichzeitig mit dem Erscheinen der ersten Grashalme erfasst und so lange anhält, bis der Frühling endgültig gesiegt hat. Die Lethargie hat den Tod nicht nur simuliert wie in einem magischen, zeitlich bestimmten Ritual, das unseren Körper überlistet, der im Frühling die Nähe zum Tod spürt, um sich dem tödlichen Blick des Erzeugers von Leben zu entziehen. Jedenfalls fühlte ich mich besser. Ich fühlte mich zu Hause in dem Friedhof, der die Erscheinungsformen der Materien so perfekt vermischte, dass der Tod und das Leben gleichzeitig triumphieren.

Das aufgrund meiner fehlenden Vertrauensseligkeit verschwundene, mysteriöse Wesen, das mich der Liebe und des Frühlings wegen heimsuchte, wollte mich vielleicht was anderes lehren. Von weitem vernahm ich das Summen der Trauerlieder, den einschläfernden Singsang des Priesters, aber um mich herum erhob sich die Hymne der Vögel. Währenddessen stieg mit den Dunstwolken jener göttliche Duft ewigen Lebens aus feuchter Erde gen Himmel, der aus den versunkenen Tiefen des Planeten stammt. Ich hörte die traurigen Gesänge des Begräbnisses und verstand nicht den Grund ihrer Klage. Ich beneidete fast den verstorbenen strengen Alten, der in die lebendige Erde hinabstieg, dorthin, wo mit großer Klugheit und Kraft die Geburt des Lebens vorbereitet wird. Während ich lediglich den trügerischen Eindruck hatte, dass mein Blut durch meine Fersen in den Boden strömte, beneidete ich den besiegten Alten, dessen Blut, das eingefroren war für einen Moment, nur einen Moment, die wundersamen Wege der natürlichen Umwandlung zu Ende gehen wird. Es wird zwischen Steinen fließen, vom Regen weggespült und schließlich gereinigt werden durch die zarten Wurzeln der Pflanzen zum glücklicheren Erblühen.

Hinter meinem Rücken vernahm ich einen Seufzer oder nur ein tiefes Durchatmen. Danach fing jemand an zu weinen. Es war jedoch ein seltsames Weinen, es konnte unmöglich das Weinen eines Erwachsenen sein, denn dafür war es zu lang und zu regelmäßig, rhythmisch in der Atmung, ein lautes Weinen, fast gewaltig, so wie nur Kinder weinen können. Ich drehte mich um, sah aber niemand, obwohl das Weinen weiterhin zu hören war, eben noch viel stärker. Ich hörte mehrere Arten von Weinen, mehrere Stimmen, und wie beim Kinderweinen war es ein Weinen ohne Traurigkeit. Es war einfach ein Weinen. Das gab mir, während ich ihm lauschte, eine erhabene Stimmung. Wahrscheinlich war es schon vorher zu vernehmen gewesen, aber das laute Vogelgezwitscher hatte verhindert, dass ich es heraushören konnte. Erst jetzt mit der einkehrenden Stille (die Vögel hatten mich plötzlich alleingelassen; als ob sie mich hatten hierher führen wollen, zerstreuten sie sich fröhlich ringsum und sangen ohne aufzuhören, nur noch im Hintergrund) wurde es spürbar, bezaubernd, doch irgendwie beunruhigend. Ich musste feststellen, woher es kam, umso mehr, als sich nun die Stimmen unterschieden. Gelangweilt vom Weinen, begannen einige zu gurren und auch zu lachen. Es war ein Lachen von Freude durchzogen, kindisch, nicht nur im Laut, sondern auch offensichtlich aus fehlendem Grund heraus. Es kam von irgendwo aus der Nähe und trotzdem befand sich niemand in meiner Nähe. Auch hatte ich nicht den Eindruck, dass ich mich inmitten eines unlösbaren Mysteriums befand. Es waren Kinder, dessen war ich sicher. Sie konnten sich nur irgendwo verstecken, in einem Busch oder hinter einem Grabstein, und trotzdem war es erstaunlich, dass ich sie nicht zu entdecken vermochte. Dies umso mehr, je mehr ich feststellte, dass sie der Stimmlage nach verschiedenen Alters und unterschiedlicher Verfassung waren. Sie hatten erkannt, dass ich nach ihnen Ausschau hielt. Amüsiert und mit kindlicher Frechheit, die manchmal ungehörig ist, ohne ihren Charme zu verlieren, kommentierten sie voller Genugtuung meine vergeblichen Versuche, sie zu finden.

Ich hatte nicht im Sinn, Wasser auf ihre Mühlen zu gießen, wenn ich ihnen antwortete, und ich wollte mich auch nicht geschlagen geben und sie bitten, sich zu enttarnen. Aber wo konnten sie denn sein? Ich blieb allein zurück in dem unter der triumphierenden Sonne fürstlich strahlenden Friedhof. Wo konnten sie sein? Der Gipfel war, dass ich nicht das Gefühl hatte, an einem Geheimnis teilzunehmen, sondern an einem Witz, einer Schlauheit oder Verschlagenheit. Ich fühlte, dass ich angeschwindelt wurde und blieb hartnäckig. Erfreut wie bei einem Spiel, wollte ich die Ursache finden. Das erwies sich jedoch nicht als so einfach. Müde versuchte ich, mich für einen Moment lang auf einen umgekippten Stein zu setzen, aber sobald ich mich hinunter beugte, vernahm ich eine wütende und komisch schrille Stimme genau neben mir, unter mir, wenn ich das so nennen kann.

„Hey, pass auf! Schau, wo du hintrittst, denn du bist hier nicht allein, oh Gott."

Oh Gott! Mein Gott! Ich sah nach unten. Wie könnte ich euch meine Entdeckung vermitteln, was denkt ihr, wie kann ich euch das erklären, was ich sah, so dass ihr mir zu glauben vermögt. Ich werde euch nicht sagen, ich habe mit dem Gras oder den Blumen gesprochen … Das wäre nichts und das könntet ihr ohne große Mühe glauben. Das war eigentlich die Wahrheit, aber nicht die ganze Wahrheit, nur ein Teil davon, ein kleiner und unbedeutender Teil der phantastischen Wahrheit, die ich plötzlich sah, mit offenem Mund vor Erstaunen und auch vor Erregung über eine so unvorstellbare Freude. Zu meinen Füßen wuchsen auf den Gräbern, auf allen Gräbern des gesamten Friedhofs, im Gras, überall zarte Knospen, gut versteckt in fragilen Kelchblättern und beschützenden Blüten, lebendige Kinderköpfe, lebende, fast neugeborene Kindsköpfe (ich glaube nicht, dass das eine gute Bezeichnung ist), aber auch größere Kinder mit intelligenten Augen, die bereit waren, alles zu verstehen, Mädchenköpfe mit langen und lockigen Haaren oder Zöpfen oder gar Köpfe von Jungen, die unaufhörlich die Lippen und Augen bewegten. Was erstaunte, verblüffte und gleichzeitig verzauberte, war ihre unterschiedliche Größe. Einige waren so groß wie eine Erbse, andere wie eine Kirsche, wieder andere wie Äpfel, sogar wie Quitten. Jedoch alle waren ohne Ausnahme und unabhängig ihrer Größe vollkommen, lebendig, so dass alles nur ein wunderbares Spiel zu sein schien – unverständlich. Ich wusste nicht, ob jene, die so groß waren wie eine Erbse, so groß wachsen würden wie ein Apfel oder, ob die von der Quittengröße am Anfang so klein wie eine Erbse waren. Ich verstand nur, dass um mich herum, vom einen zum anderen Ende des Friedhofs richtige Kinder wuchsen, lebende Kinder, die, wenn auch nur so klein wie anmutige und übernatürliche Symbole, reif und mit dem Blick von neugierigen Kindern, in Erscheinung traten. Allerdings schienen sie etwas verstimmt zu sein, weil ich sie entdeckt habe. Sie sahen mich aufmerksam an, sie waren ihrer Unzählige, so dass ich am Ende eingeschüchtert dastand. Und da ich nicht wusste, was ich sagen sollte, aber es mir bewusst war, dass ich etwas sagen musste, sagte ich:

„Ich heiße Doina."

Obwohl mein Name so einfach klang und mein Satz so wenig aufregend war, erzeugte er ein Rumoren und Erstaunen. Es schien, als ging ein leises Rauschen wie beim Berühren der Blätter vom

Wind von Mund zu Mund, ein erstauntes Flüstern vielleicht, oder nur ein höfliches …

„Sie heißt Doina. Sie heißt Doina. Sie sagt, dass sie Doina heißt."

„Wie heißt ihr?"

Auf meine selbstverständliche Frage folgte lediglich ein aufgeregt wiederholtes, wiederkehrendes Lachen, amüsiert über sich selbst, so als ob seine zauberhaften Verursacher sich großartig unterhielten über eine dümmliche Frage. Ich musste wahrscheinlich genauer sein:

„Ich weiß nicht, was ihr seid. Bevor ich euch sah, wäre mir nie eingefallen, darüber nachzudenken, ob es auf der Erde solche Wesen wie euch gibt."

Es ist nicht wahr. Als das erste Erstaunen vorbei war, muss ich gestehen, dass ich sie nicht zum ersten Mal sah. Ihr Aussehen weckte in mir die Erinnerung an Motive – die Steinreliefs auf den gotischen Kathedralen, mit Zweigen, die in menschlichen Wesen endeten, mittelalterliche Gravuren mit Kindern, die aus den Kelchen von Blumen erwachsen, orientalische Miniaturen mit Bäumen, die Wurzeln mit Kindsköpfen haben und wütenden Göttern, die auf Pflanzen-Stielen wachsen. Aber wie sollte ich es ihnen erklären? Welche Verbindung konnten diese erhabenen Phantasien der mystischen Träumer mit der tatsächlichen Wirklichkeit haben, die taufrisch vor mir lag? Ich fuhr also fort:

„Ich weiß nicht, wer eure Eltern sind …" Aber ich wurde unterbrochen.

„Das ist normal, wir wissen es auch nicht."

Ich verstand nun nichts mehr. Das war mir leicht anzusehen.

„Kinder, sie versteht nicht", sagte eine kleine Stimme, die ich nicht identifizieren konnte, die mich aber zu bemitleiden schien.

„Wie soll sie es verstehen? Was? Sie hat das nicht miterlebt?!"

„Natürlich habe ich das nicht erlebt", schrie ich fassungslos.

„Ich wurde in einem Haus von Menschen geboren, ich bin nicht auf einem Friedhof großgeworden."

„Wie meinst du das, ‚Ich wurde geboren'?", fragte eine erstaunte Stimme, misstrauisch, angriffslustig klingend.

„Meine Mutter hat mich geboren ...", erklärte ich genervt, aber plötzlich von einer unerklärbaren Scham erfasst. Und ich fügte hinzu, um zu unterstreichen:

„Wie eben alle Kinder geboren werden ..."

Das war zu viel. Bei meinen letzten Worten brach eine Kakophonie und ein Wirrwarr von Gelächter und Geschrei aus. Mich ergriff das Gefühl, dass die offensive Freude ringsum mich bedrohlich angesteckt hatte, und ich trat einige Schritte zurück.

„Sie ist schon erwachsen und glaubt immer noch an die Geschichte mit der Mutter! In ihrem Alter weiß sie immer noch nicht, wie man geboren wird!"

Sie hatten ihre Stimme zurückgewonnen nach soviel Lachen. Und sie staunten weiter, ohne jede Spur von Scheu oder Schüchternheit und auch nicht ohne eine gewisse Verachtung. Merkwürdig war, dass ich selbst – mit der wunderbaren Aussicht konfrontiert – begonnen hatte, zu zweifeln, obwohl das Wort ungenau war und übertrieben für alles, was ich über die vielen Wunder wusste, von denen ich nichts wusste. Die Alten ahnten alles treffender. In der folgenden Stille über dem Friedhof erklärte mir die freundliche Stimme langsam, damit ich alles verstehe – wie einem Kleinkind.

„Die Kinder wachsen im Boden, das weiß jedes Baby. Erst nachdem sie wachsen, nachdem sie nicht mehr in Gefahr sind, wenn sie sich vom Boden lösen, kommen die Eltern und wählen sie aus und jeder führt das Kind nach Hause, das ihm gefallen hat. Dann erst erzählen sie ihnen, wie man Kinder macht und anderes, damit wir uns ihnen verbunden fühlen und nicht versuchen zurückzukehren. Es ist merkwürdig, dass du das bisher noch nicht erfahren hast. Gewöhnlich glauben die Kinder nicht von Anfang an die Geschichten über sie und erst zuletzt erfahren sie die Wahrheit – durch die Erzählungen irgendeines Nachbarn oder aus den Gesprächen der Eltern."

„Nein, ich wusste es nicht", stotterte ich.

Ohne dass ich ihrer Wahrheit sicher war, schien mir meine Wahrheit weniger interessant und letztlich zweifelhaft. So bekam der Tod einen Sinn, der Elementen Kreislauf wurde zur Wirklichkeit. Ich wusste nicht, was ich sagen sollte, und ich wusste nicht, ob ich etwas sagen musste.

„Könntest du das auch machen?", hörte ich sie fragen.

„Bitte?" Ich zitterte und erschrak, bevor ich verstand.

„Könntest du auch ein Kind loslösen?"

„Oh … An diese Möglichkeit hatte ich nicht gedacht."

„Ich hätte nicht den Mut", gestand ich. „Ich kenne nicht die Geheimnisse der großen Menschen. Ich kann mich nicht wie sie verhalten. Ich weiß nicht genau, was ich machen muss: Wie könnte ich ein Kind lehren, was es zu tun hat? Es tut mir leid", sagte ich mit einiger Höflichkeit.

„Es macht nichts", sagte die Stimme und es schien mir, dass es ihr leid tat.

„Tut es dir leid?", fragte ich. „Ist es nicht besser hier?"

„Es ist sehr gut hier", sagte es.

„Aber weißt du, ich bin wahnsinnig neugierig, wie es drüben ist …"

Es war ein Mädchen. Ein runder Kopf mit kastanienbraunen Locken, die ziemlich verwickelt waren, und einer von blassen Sommersprossen übersäten Wange, kaum sichtbar. Ich glaube, es war an mir, nun zu lachen. Ich blieb jedoch stehen. Ich kannte es von irgendwoher. Ich war sicher, sie woanders gesehen zu haben. Auf einer alten Fotografie? Im Spiegel? Oh, ich erinnerte seine Neugierde, ich kannte sie sehr gut! Und selbst ihre Geschichte hatte ich anscheinend irgendwo gehört. Ich machte ihr mit der Hand ein Zeichen, das ich selbst schwer deuten kann – tiefes Bedauern, Abschied, Mitgefühl.

Ich verließ den Friedhof vorsichtigen Fußes, unerklärlich glücklich, da ich eine neue Seite der Welt kennengelernt hatte, von der

Kraft des Bodens, der Schwere der Luft, der Pflanzen, der Vögel. Ich ging durch das Wohnviertel vollends von der Sonne bestrahlt, die fast am Höhepunkt des Himmels angekommen war. Die Fenster der Wohnhäuser waren in üppige Spiegel verwandelt und waren nun herrlich vom Umzug der Nachmittagsschüler beherrscht. Alles schien anders als am Morgen, alles war klangvoller, festlicher, die Blumen auf den Balkonen drängten sich hervor, der Betonweg begann schüchtern zu grünen. Alles trieb aus und sprießte, alles war lebendig, und plötzlich hatte ich den Eindruck – aber es schien nur so, es schien mir so –, begann auch der Beton selbst, ergriffen von der Euphorie, zu grünen. Außerdem, ihr konntet mich davon überzeugen.

Die Sonne schien mir ins Gesicht und füllte meine Augen mit Tränen. Ich konnte weiterhin ungläubig beobachten, wie der Beton wuchs von Etage zu Etage in verrückter Konkurrenz mit den bedauernswerten Pflanzen, die von Beginn an besiegt waren. Oh, alles war schön, erhebend und lehrreich – auch die neuen Blocks, der Gemüse-Platz, die Straßen mit den altmodischen Straßenbahnen –, aber ich lebte, um das Feld zu finden, seine grenzenlose Freiheit, seine uneingeschränkte Natur, seine regelfreie Schönheit. Ich begann zum Ende zu laufen, oder zu dem, was ich für das Ende hielt, ohne die Leeren hinter der riesigen begrünten Stein- und Kalkwand zu sichten, die den Blick bis zum Horizont ausfüllte. Ich lief zum Feld hin wie zu einer Rettung und begann immer verzweifelter zu rennen, je unsicherer ich wurde, ob es eine Stadtgrenze gab. Ich lief und verletzte mich an Türen, an Blocks und Toren, ich verletzte mich an Zahlen und Ziffern, die mir nichts sagten und mich lediglich einschüchterten, ob ihrer unverständlichen Sicherheit.

Ich glaube, dass ich nach gewisser Zeit besiegt gewesen wäre; nach einer gewissen Zeit hätte ich nicht mehr widerstehen können und wäre außer Atem geblieben, wenn ich nicht, bevor ich den Stadtrand sichtete, begonnen hätte, das Gras zu riechen. Der Grasgeruch stieg am Stadtrand empor, ein etwas bitterer Geruch, so, als ob er vergiftet wäre, mit wildem Gras, rachsüchtig auf den letzten Platz, wo das letzte Zementpflaster aufhört. Jenen Geruch erkenne ich unter tausenden von Aromen und Düften. Mit diesem Geruch in den Nasenlöchern habe ich meine Kindheit verbracht. Und es ist für mich fürwahr der Geruch der Freiheit. Ich lief weiter, als ich den starken und herben Grasgeruch einatmete. Ich lief weiter wie gestärkt durch eine kraftvolle Transfusion, während um mich herum – ich irrte mich nicht – die Wohnblocks wuchsen, verrückt vom Frühling, sie wuchsen plump und liebenswert in ihrer mineralischen Schwerfälligkeit und ihrem nachahmenden Ehrgeiz. Aber die Kinder brüllten und tanzten vor Freude, verzaubert von dem Spektakel. Auch für sie war der Frühling gekommen, und Frühling hieß für sie von nun an, das Verlängern dieser Betonblocks, dieses Zementnachwuchses, dieser Blüten von Kalk und Mosaiken. Sie liegen auf der Lauer nach den Eisenbeschlägen, nach Knospen gleich sprießendem Beton, wie ich die zarten Graswurzeln erwartete und mich die ersten Krokusse erweichen. Alles verändert sich, alles transformiert sich, alles fließt, du kannst nicht dasselbe Gesicht zweimal im Spiegel betrachten, du kannst nicht zweimal im selben Fluss baden.

Ich lief weiter und begann zu weinen, und die Tränen liefen salzig in meinen zum Atmen offenen Mund. Ich lief weiter, erstickt von meinen Tränen und ich dankte dem Himmel, dass ich einige Jahrzehnte davor geboren war, dass ich eine Zeit erlebte, in der es noch Dramen und Wälder gab, Leiden und Weiden, dass ich nicht das völlige Verschwinden der Vögel von der Erde erlebe, der Sünden, der Blumen und der Unvollkommenheit. Vielleicht übertreibe ich, vielleicht führte alles zu etwas Besserem, zu der besten aller Welten auf Erden, aber dieser endlose Tag, der erst den Nachmittag erreicht hatte, hatte meine letzten seelischen Kräfte aufgezehrt und meinen letzten Atemzug genommen, den ich verbrauchte, als ich wie verrückt lief und erschöpft niederlag, mit dem Gesicht im Gras vergraben, auf dem Platz zwischen dem Feld und der Stadt.

Lange Zeit blieb ich so, an nichts denkend, unaussprechlich glücklich. Ich fühlte in den Windschlägen, die mir das Haar durchwehte, die Weite des Feldes, die bei meinem Körper anfing und sich immer weiter dehnte, soweit das Auge reichte und vielleicht noch darüber hinaus. Eigentlich zählt nicht dieses „Darüber hinaus“; wichtig ist immer das, was man mit dem Auge erfassen kann. Ich wünschte mir nicht das endlose Feld, sondern die wirkliche Weide, am Rande derer ich gelangen wollte, nicht, um die absolute Freiheit zu erleben, die Grenzenlosigkeit soweit das Auge reicht, die Freiheit des zerzausten Haares im Wind und der Käfer, die heroisch am Rande des Pantoffels hoch krochen. Ich vergrub mein Gesicht im Gras, das ich wie alle Lebewesen beschnüffelte, indem ich meinen, von Wundern geplagten Atem einzog, bevor ich mich wahrhaftig freuen konnte, die Augen öffnend.

Dann sah ich euch. Ein Heer von Vogelscheuchen, eine ausgeklügelter und großartiger als die andere, strategisch aufgestellt auf dem Feld, das sich vor mir ausbreitete.

Zuerst dachte ich, ihr gehört zu einem meiner unzähligen Alpträumen, ihr seid eine meiner zweifelhaften Halluzinationen und eines jener so verhandelbaren Wunder, deren Zeuge ich bin. Ich begann zwischen euch zu laufen, euch zu kitzeln, euch zu anzuflehen, dass ihr verschwinden möget, um mir das freie Feld sowie den unberührten Frühling zu überlassen.

Liebe Vogelscheuchen, vielleicht seid ihr es nicht gewohnt, dass sich jemand an euch so direkt und menschlich wendet, aber ihr seid doch schließlich auch eine Art Mensch. Habt ihr nicht etwa vom Winde verwehte Kleider, Hüte, Schals an? Habt ihr nicht Röcke, Tabak und Pfeifen und Uniformen? Es stimmt, dass in eurem Innern, anstatt des Körpers aus Fleisch und Blut, nur ein Stück starres und quietschendes Holz Halt gibt. Aber, am Ende machen Kleider Leute. Und vielleicht ist eure Seele gefangen in eurem Haar, das euch stützt, in den Kleidern, die bedrohlich um euch flattern im Wind. Eine Seele müsst ihr haben, daran zweifle ich nicht, eine gute oder schlechte Seele, einfach oder kompliziert, aber es gibt sie, da ihr anderweitig nicht hier im Wehen des Windes bestehen könntet und ihr hättet auch keinen Grund, es nicht zu tun.

Liebe, liebe Vogelscheuchen, sagt auch mir, warum ihr das macht? Wen wollt ihr erschrecken? Wen wollt ihr die Furcht lehren? Bei eurem weiten Gewand sieht man den Horizont nicht mehr. Vor euren breiten Hüten kann man den Himmel nicht mehr sehen, der Weizenhalm biegt sich, der rote Mohn ist seit langem verwelkt. Wen verteidigt ihr? Ich stehe da und sehe euch an. Ihr seid hässlich und armselig, eine klägliche Nachbildung von Menschen, ein lächerlicher Ersatz von Furcht. Ihr seid lächerlich und erschreckend. Ihr seid in der Wirklichkeit verankert und die fürchtet sich vielleicht vor euch. Aber die Unwirklichkeit? Und die Träume, die Halluzinationen, die Wunder, derer ich ohne Unterlass Zeuge bin? Es stimmt, ihr habt mir das Feld genommen, aber was könnt ihr gegen die unzählbaren Felder tun, die ich mir jederzeit vorstellen kann? Wie könnt ihr die Vögel in meiner Vorstellung erschrecken, wie könnt ihr den in meinem Traum wachsenden Weizen welken lassen und die Bienen aus meiner Vorstellung verscheuchen? Ich sehe euch an und glaube nicht, dass ich euch hasse. Ich empfinde nur Mitleid für euch, jene schmerzliche Verachtung, auch wenn es euch gelingen könnte, mich zu besiegen. Und trotzdem kann ich mich nicht von eurem Gesicht lösen, gefesselt nicht vom Bösen, das ihr verursacht, sondern von der Unmöglichkeit, es zu verstehen. Warum tut ihr das? Für wen tut ihr das? Ich erhebe mich, um wegzugehen und um immer wieder zurückzukommen – und vielleicht geschieht dies bis zum Ende meines Endes –, um euch einmal wieder zu betrachten und euch zu bitten:

Liebe Vogelscheuchen …

Sommer

Die geschmolzene Stadt

Es gibt Menschen, die, wenn sie einen Schritt machen, wenn sie in einen Apfel beißen, diese Handlungen auch wirklich tun, mit diesen leben und alt werden. Für sie ist ein Monat ein Monat, eine Nacht eine Nacht und eine Sekunde ist eine Sekunde. Für mich jedoch verrinnt die Zeit wie nebenbei, flüchtig und gleichgültig, ohne den Wunsch, mich zu beherrschen und, schwer oder unmöglich, beherrscht zu werden. Ich bewege mich, spreche, gehe vorwärts, scheinbar eingehüllt in einen leichten Nebel, der die Umrisse abrundet, die Kanten glättet, der alles hinübergleiten lässt in ein unpersönliches Schweben, in dem die Aufmerksamkeit eine schmerzliche Anstrengung erfordert, um einen Augenblick einzufangen, um ihn zu diesen zu zwingen, in meinem Leben Platz zu nehmen. Das geschieht aber selten … Gewöhnlich entgleitet mir die Zeit und ich entgleite ihr in gegenseitiger Nichtbeachtung. Ich altere nicht.

Was jedoch Glück zu sein scheint, ist wahrlich nur ein langer Schlaf, der unterbrochen wird von Träumen und Erwachen, die einander so ähnlich und so schwer voneinander zu unterscheiden sind, dass sich der Schlaf selbst in eine nebulöse Unruhe verwandelt und keine süße Betrachtung des Nichtseins ist, gejagt von dem Schrecken der Verwechslung, ergriffen von der Panik des fatalen Missverständnisses, auf die sich vorverurteilte Universen aufbauen ließen. Die akuten Qualen auf beiden Seiten des Traumufers, die gleich sind, beweisen nichts. Die Zeit vergeht nicht. Oder sie vergeht, vermeidet es aber, in einer Art peinlichen, perfiden Unterwürfigkeit, mich zu berühren.

Und trotzdem gibt es einen Ort, wo ich sie zwingen kann, sich mir zu unterwerfen, wo sich meine Aufmerksamkeit konzentriert, da sie zurückgekehrt ist von einer endlosen Wanderung durch viele leere Sphären und mir sagt: Ja, dieser Augenblick durchdringt mich, er ist nun da und verschmilzt mit jeder einzelnen meiner Nervenzellen und mit jeder Faser meines Körpers, der in diesen seltenen Augenblicken entdeckt, dass er existiert.

Seit der Kindheit jedoch – meiner seltsamen Kindheit, die sich abspielte zwischen dem körperlichen Erschaudern vor den Entdeckungen und den Stürmen der frühreifen Lieben, die von wilden Eifersüchteleien gebeutelt wurden, eine gierige Kindheit, die eilig in missverstandenen Neigungen und lächerlicher Benommenheit die lebenslangen Reserven der Leidenschaft und der Gegenwart konsumierte – bereits seit der Kindheit also schärfte das Meer meine Sinne außerordentlich. Es gab mir ein nahezu halluzinierendes Gefühl, die Gegenwart des Augenblicks zu erleben. Die Wellenbewegungen fesseln den Blick, können ihn plastinierend wirken lassen, verlängern und verkürzen, sie können ihn in die Weite ziehen durch ihre regelmäßige Wiederkehr, ihn brechen und im Auge bersten lassen; die Farben sind nicht schön, sondern dehnen sich perfide und lasziv eine über der anderen aus in einem endlosen unsicheren Ineinanderverschmelzen, und vor allem die Gerüche, jene faulen und würgenden Gerüche, in denen die animalische und vegetarische Zersetzung in einem allgemeinen Duft des Aussterbens verschwindet, die lange, nachdem das Leben endet, nicht auf eine faszinierende und üble Laszivität verzichtet. Jene starken Gerüche vermittelten so sehr einen fiebrigen Tod, eine sinnliche Verwesung, die imstande war, die Nichtigkeit mit einem heißen Schauer zu verwechseln, der die Fleischkuppeln in den Palästen unseres Inneren mit ohrenbetäubendem Geräusch heimsucht …

Alle Sinne, die Augen, die Ohren, die vom Salz des Meeres erstarrte Zunge, die von der Sonne geschwärzte und vom Wind geraute Haut, entdeckten mit Gewissheit die Zeit wie eine unendliche

Pyramide, die Sekunde um Sekunde geschickt aufgebaut ist, und in der jede Sekunde eine rundliche Frucht ist, die ich sorgsam pflückte, um nicht die Pyramide zu zerstören. Ich saugte ihren Saft und genoss ihre Farbe, ihren Duft, ihre Form, ihren Geschmack, bis nur noch eine durchsichtige und müde Schale übrig blieb, etwas verschmutzt und klebrig, die ich in die Vergangenheit warf, um sogleich eine neue Sekunde auszuwählen. Nicht die Endlosigkeit des Meeres zog mich an, auch nicht seine Größe, seine Kraft und die Metaphern und Symbole, die wie Spitzenschaum seine undurchdringliche Oberfläche säumen, sondern seine Fähigkeit, mich in ein ausgesprochen lebendiges Wesen zu verwandeln, das aufmerksam durch die Zeit schlendert. Vielleicht entspringt das akute, tiefe Glücksgefühl aus der Intuition, dass es einen höheren Sinn gibt, eine höhere Macht, deren letzter und unbedeutender Ausdruck diese magische Fähigkeit ist, meine feinen, in Erregung befindlichen Nervenfasern stärker und länger schwingen und vibrieren zu lassen. Vielleicht ist die versteckte Existenz einer unbegrenzten Rationalität, deren Symbol – warum nicht? – die grenzenlose Ausdehnung des Wassers ist, welche es mir ermöglichte, glücklich einzutauchen, ohne die erniedrigenden Schampedale, in die Welt meiner gestörten und bewusst gewordenen Gefühle.

Ich befand mich seit zwei Tagen im Zustand einer seltsamen Schläfrigkeit am Meer, die vielleicht einer tatsächlichen Müdigkeit meines Körpers entsprang oder der Erschöpfung des Geistes, der sich stets erholen musste von den unnötigen Gedankenkreuzzügen, auf die er sich ständig begab, um immer wieder zurückzukehren, da er unfähig war zu verstehen, und das endgültige, hoffnungslose Verständnis bevorzugte, auch wenn dieses vorgetäuscht war. Ich war sicher, dass ich am Meer war. Ich sah das Wasser, den Sand, die Vögel, ich fühlte den Geschmack des salzigen Windes, aber all dies in einer abwesenden Eile mit ständig halbgeschlossenen Augen. Meine halboffene Augen sehnten sich stets danach, zum Schlaf zurückzukehren, jenem matten Schlaf, der sich über lange

Stunden, über Tage und Nächte hinweg ausdehnte, begleitet allein vom Rhythmus der Wellen, die er jedoch kaum wahrnahm. Es handelte sich natürlich um den richtigen Schlaf, das Begraben in Betten und Kissen, in weiche Knäuel und Watteschichten. Es war jenes notwendige Sterben, jenes vorläufige Einschlafen, aber zugleich auch der andere Schlaf, meine übriggebliebene Existenz, die sich anscheinend nach kataleptischen Gesetzen entfaltete, die die Verhältnisse der Welt veränderten und die Wahrnehmung des tosenden Orkans verhinderten, um wie besessen das Tröpfeln eines Wasserhahns zu verfolgen. Es lässt den Blick auch blind werden für den umgebenden Rummel, um seinerseits gebannt auf die Öffnung einer zerbrochenen Jalousie zu blicken, wo man entdeckt, dass auf einem Lichtstrahl leuchtende Wesen winzigen Staubfäden gleich im Zimmer leise tanzen. Von Zeit zu Zeit sagte ich mir für den Bruchteil einer Sekunde, dass ich am Meer bin. Ich sagte mir, dass ich nur wenige Schritte gehen muss, um ins Meer zu gelangen, um aufzuwachen. Aber ich hatte keine Eile. Ich verfiel mit einer wollüstigen Untröstlichkeit und mit einer freudigen Schuldigkeit in jene Schläfrigkeit, aus der ich hätte geboren werden können.

Nichts war einfacher. Es genügte, dass ich an einem Tag vor der Sonne aufstand, um an der feierlichen Zeremonie des Sonnenaufgangs teilzunehmen. Ich wusste es. Es gibt aber in den tiefsten Trancezuständen, in der völligen Bewusstlosigkeit und der totalen Ohnmacht einen Teil des Bewusstseins, der intakt bleibt – nicht das Geistesurteil, sondern das materielle Urteil, eine List des Körpers, sich dem gesamten feindlichen Universum entgegenzustellen. Mein Körper hätte aufwachen können, es war ihm möglich, aber er blieb lieber im Schlaf, wie in einem Versteck, in einer schützenden Zelle. Welche Gefahr spürte er, die mein Verstand nicht erfassen konnte? Welche Bedrohung, jenseits der Verständnisgrenze entspringend, gelangte zum Endpunkt meiner Kapillaren und rief sie auf, sich zu wehren? Tag für Tag stoppte ich mit meiner Hand um fünf Uhr morgens den Wecker, wohlwissend um den Betrug, während meine halbgeöffneten Augen, die aufmerksam diesen Betrug wahrnehmen, meinem noch in Lethargie befindlichen Geist zuflüsterten, dass der Himmel bedeckt sei, dass der Sonnenaufgang ohnehin geheim und unbeobachtet stattfindet. Mein gesamter Körper, der die Euphorie des Aufwachens am frühen Morgen sehr gut kennt, blieb tückisch unbewegt, bis mein Geist, der auch begann, sich aus einem Verdacht heraus schuldig zu fühlen, in sich zusammenfiel und Versöhnung vortäuschte. Als ich mich endlich erhob und mich über die Willenlosigkeit meines müden Körpers hinwegsetzte, tat ich dies mit tiefer Traurigkeit, mit der unerklärlichen Vorahnung und dem Gefühl, dass es spät sei, vielleicht zu spät.

Es war einer jener Morgen mit violettem Himmel, der dunkel dämmerte und sein Blau schien etwas verdünnt von den Sonnenstrahlen auf der anderen Meeresseite. Der verschmutzte Himmel könnte von Wolken bedeckt sein oder nur vom letzten Strahl der untergehenden Nacht. Es war ziemlich kalt. Ich konnte jedoch angesichts des leichten Schauderns, das mich von Zeit zu Zeit ergriff, nicht feststellen, ob es wegen der kalten Luft oder lediglich wegen der fieberhaften Erwartung auftrat, die um mich schwebte, so dass das auch zarte Gras bei dieser Windstille zitterte.

Die verschlossenen Häuser mit ihren vielen Stockwerken, ihren Jalousien und bedeckten Terrassen und den Sonnenschirmen schienen zu schlafen in jener überirdisch anmutenden Atmosphäre – oder war sie zu irdisch, um verstanden zu werden –, in einem Licht, das so leichenhaft schien, als handle es sich eher um einen Traum denn um die Wirklichkeit des Lebens. Das Meer war fast bewegungslos. Die Bewegungslosigkeit schien auch auf den Wellen zu lasten, die wie getrieben von einer fremden und wundersamen Kraft sich ans Ufer kämpften. Die graue und ruhige Fläche wurde von Zeit zu Zeit und immer öfter von einem kaum wahrnehmbaren Blitzpfeil durchstreift, der rötlich hell erleuchtete – ein Gedanke vielleicht oder nur eine Meinung, wie eine Unruhe. Der Sonnenaufgang war nahe. Plötzlich begann ich dem Wasser entlang nach Norden zu laufen, dorthin, wo ich wusste, dass auch die Häuser endeten, wo es nur ein ausgedehntes Feld gab voll mit Rückständen, und weiter unten lag der Strand, der ebenso bedeckt war mit Abfall aus dem Meer, Algen, Muscheln, glatten und spitzen Steinen, verendeten Quallen und verfaulten Holzstückchen, die die gestrandeten Schiffe hinterlassen hatten. Ich begann zu laufen und lief immer schneller mit der Angst im Nacken, dass der Sonnenaufgang mich auf diesem gepflügten und sorgsam geebneten Strand einfangen könnte. Der Strand war mit fremdem Sand aufgefüllt, der aufwendig mit Lastkraftwagen angefahren wurde. Ich lief, als wäre mir bange, dass die Sonne mich als Vertreterin jener verschlossenen Fenstern und jener isolierten Mauern betrachtet.

Es war ein etwa drei Kilometer langer, unbewohnter Strand. Mit den Müllhalden der Hotels, die sich entfernt am Ufer ausbreiteten, bewahrte er sich etwas von der Wildnis und Freiheit eines Urstrandes. Es war schon merkwürdig, wie frei man sich in jener trostlosen Landschaft fühlen konnte, zwischen leeren Konservendosen, vertrockneten Algen und Muscheln, die in ihren Schalen sauer rochen. Es herrschte ein Chaos, das dich zu nichts verpflichtete, nicht einmal zu Bewunderung – eine sanfte Gleichgültigkeit, eine freundliche Abneigung war vorherrschend.

Als die Sonne erschien, entdeckte sie ganz geheimnislos diese zerfallene Landschaft, die sie mir in ihrer vollen Hässlichkeit zeigte, die mich jedoch beruhigte und mir gleichzeitig ein merkwürdiges Gefühl der Sicherheit gab. Mit ungeheurer Geschwindigkeit, gemessen an der langsam abnehmenden Dunkelheit bis dahin, gab sich die Sonne, die vom Horizont nicht mehr versteckt wurde, einer nervösen Ungeduld hin und erhob sich mit sichtlicher Eile, um Ebenen zu erobern, die sie bis dahin nicht gestreift hatte. Sie war zuerst eine rötliche Kappe mit violetten Schatten ohne jegliche Strahlkraft, dann eine tiefrote Hemisphäre, die versuchte zu leuchten, aber nur ihre Kraft vergeudete wie ein eindringlicher, nicht weit reichender Blick. Schließlich wurde sie bald eine runde Kugel von einer weichen und ungewissen Form, wie eine Haut, in der sich Flüssigkeit nicht gleichmäßig verteilen konnte in der Hülle, die sie umgab.

Einige Augenblicke lang sah es nach einem stillen Kampf aus zwischen dem Horizont, der störrisch festhielt an dem kleinen Verbindungspunkt mit der entschlossenen, nach oben strebenden Sphäre, und den entgegengesetzten Kräften eines Horizonts, der sie wogend, wölbend festhielt, während sich die rundliche Membrane länglich hinzog, bereit, die Spannung zu brechen. Als sie sich loslöste, war die Rückstoßkraft des angewandten Versuchs so riesig, dass die Sphäre begann, sobald sie aus der Umklammerung entkam, sich niederschlagproduzierend am Himmel zu drehen und immer schneller auf der ausgemachten Flugbahn nach oben zu steigen. So hatte ein neuer fragmentarischer, subtiler Kampf angefangen. Dünne, stofffeine Wolken ließen sich sichtbar am Horizont nieder und zogen mit frecher Schüchternheit vor das Sonnengesicht, das für solche Beleidigungen unvorbereitet schien. Zweifellos widerspiegelte sich das blasse, eher gemeine Antlitz der Sonne in mir wie eine demütigende Entdeckung, wie eine Frustration. Die Sonne zog widerstandslos von einer Wolke zur anderen. Wenn sie aus einem Wolkenvorhang heraustrat, wurde sie bereits von der nächsten Wolke eilig verschluckt. Das Ganze sah aus wie ein Versteckspiel zwischen Sonne und Wolken – ein Spiel in Rot und Grau, ohne dass man darin etwas Erhebendes sah oder eine besondere Emotion empfand. Und bei diesem etwas peinlichen Schabernack zwischen Sonne und Wolken wuchs der Tag, scheinbar unbeeindruckt, unversöhnlich und triumphierend weiter und weiter an. Indem er seine Quelle verbergen konnte, siegte er über dieses Mysterium. Immer öfter kam auch die Sonne zwischen der immer durchsichtiger werdenden Wolkendecke hervor, indem sie ihr königliches Lächeln verbreitete und zwischen den feinen Falten der sonderbaren Wolken durchdrang, zuerst klar und dann immer stärker zu scheinen anfing, bis sie nicht mehr zu halten war, und mit aller Kraft leuchtete. Das Auge konnte sie zuerst ohne Schwierigkeit voll erfassen, da sie als Kugel in Kardinalrot dastand, während sie nach und nach ihre Farben wechselte. Die Farben verstärkten sich bis zum Verlust ihrer Nuancen, bis hin zu einem universell sich ausbreitenden Licht.

Bis zu diesem Punkt jedoch tauchte das Meer beim Verschwinden der Sonne in ein intensives Rosa ein, das ebenso unerwartet wieder verschwand. Das allgemeine Himmelsgrau breitete sich fortan aus. Alles verflüssigte sich, alles befand sich in einer Erscheinungsform, die sich der unverständlichen Strömung unterwarf und den nahezu unerträglichen Eindruck hinterließ, dass sich alles gemäß einem unerforschten Gesetz abspielte. Das Schauspiel der Rivalität verschiedenartiger Fluide schien sich im rhythmischen Fluss auf der Meeresoberfläche abzuspielen. Das pulsierende Licht ähnelte den Ausbrüchen jener Quellen, deren Ausstoß rhythmisch unterbrochen wurde, und es floss einem purpurnen Wasser gleich, das aus einer riesigen Öffnung geräuschlos ein- und ausatmend entsprang, sich ausbreitete und wieder zurückzog, ungehörten Befehlen folgend. Als die Sonne diese Schwelle überschritten hatte und hoch am Himmel stand, spiegelte sie sich in ihrer gesamten Vielfarbigkeit auf der Wasseroberfläche. Das Meer verschlang sie und verschönerte ihren Anblick mit seinen magischen Wassern, deren Strahlkraft heilsam auf mich wirkte.

Die Sonne am Himmel schien nunmehr verwischt und krank, farblos und fahl im Vergleich zu der anderen Sonne im Wasser. Das Auge widersetzte sich scheinbar mitleidsvoll dem einen Anblick, aber es war durchdrungen und beeindruckt von dem anderen. Und doch gab es in der seltsamen Präsenz der beiden Sonnen etwas Unnatürliches, das nicht lange dauerte, eine Gefahr und Unheilverkündung – in der ungerechten Innegalität der beiden Sonnen. Ihr Schicksal begann sich zu verkehren, ihre Gleichzeitigkeit war illusorisch. Die Wahrheit der einen leugnete heftig die Existenz der anderen. Ich erlebte nicht einen Tag lang mit zwei Sonnen, sondern nur einen Augenblick der wilden Rivalität, währenddessen die eine endgültig vernichtet wurde. Und nie konnte ich sicher sein, dass die echte Sonne überlebte. Das Ergebnis der unerbittlichen Konkurrenz zwischen den beiden Sonnen hing nicht von ihnen ab. Jede entwickelte sich nach ihrem eigenen Gesetz und folgte ihrem eigenen Schicksal. Die Sonne am Himmel erhob sich still und immer strahlender, während sie farblos wurde und endgültig über die Welt triumphierte. Die Sonne im Wasser hingegen löste sich langsam auf und verwandelte sich in einzigartig flüssige Nuancen, zitternd, wandelbar, suggestiv. Sie vereinten sich, trennten sich, flossen ineinander und suchten ihre Abgrenzungen, sie verendeten, um nicht eine in der anderen zu verschwinden. So trennten sie sich, und standen jede für sich allein, stolz und wunderbar anzusehen. Die Wassersonne löste sich nach und nach auf, so ergreifend und schmerzlich, dass sich mein Auge bei ihrem Anblick mit einer großen bunten Träne füllte, die geboren wurde aus der Not, sie zu beweinen und ihre Farben zu reflektieren. Durch sie hindurch sah ich, wie das altruistische unermüdliche Meer sich bemühte, die letzten blutroten Wellen mit einer frommen und anstrengenden Geste ans Ufer zu bringen; ich sah, wie das Meer Welle um Welle die Spuren der verendenden Sonne in der Weite des Wassers an die Küste schwemmte und so das Verbrechen verstreute.

Ich stand auf der Seite der sterbenden Sonne. Die Sonne oben am Himmel war mir gleichgültig. Ich verstand ihre Selbstsicherheit nicht. Ich verstand nicht ihren Entschluss, die Welt so grausam zu beleuchten, die Art, wie sie gnadenlos die süßen und mysteriösen Schatten vertrieb und die Dinge nackt und wehrlos hinterließ. Meine Wassersonne jedoch ging heroisch unter, da sie sich geweigert hatte, ihre Farben zu mischen, um das unpersönliche und unversöhnliche Weiß zu gebären, ein gefühlloses Weiß. Wie lange dauerte die Agonie und der Aufstieg, der scheinbare Kampf, bei dem die Sonne all ihre Schönheit, Rührseligkeit und Verletzlichkeit selbst besiegt hat? Eine Stunde? Eine Jahreszeit? Oder weniger? Jedenfalls lange genug, um die Welt vollends zu verändern. Als ich aus meiner Kontemplation erwachte, schien mir der Strand um mich herum fremd und feindlich. Ich war gedemütigt, da mir seine gesamte Bedeutungslosigkeit, die armselige Wildnis aus Müll und Resten, seine nackten Geheimnisse, widerlich aufgedeckt vor mir lagen. Die steigende Hitze brachte das Muschelfleisch gnadenlos zum Gären, das Schneckenfleisch verlor seine Festigkeit und die schlammige Algensubstanz war durch das Einmaischen geschwärzt. Ein üppiger Gestank breitete sich rachsüchtig unter der triumphierenden Sonne aus. Es schien, als orchestriere sie voller Wollust diese Fäulnis. Sie ließ die Quallen, die gefüllten Pfützen auf dem von Gräten und Fischschuppen bekleckerten Strand erleuchten. Ein siegreicher Gestank schien sich entlang der Küste über die erbärmliche und zweideutige Wildnis auszubreiten. Es reichte aber, dass ich mich von dem Epizentrum dieser Pestilenz entfernte, um zu verstehen, dass der Geruch von oben kam, wie auch die immer unerträglicher werdende Hitze. Die metallisch anmutende Sonne warf ihre durchsichtige Materie über die Welt und kündigte die tödliche Strömung an, die durch die abstoßende Eigenschaft der Luftmasse von der Seuche infiziert wurde. Ich hätte nicht aufwachen sollen, ich hätte mir die Schärfe meiner rebellischen Sinne, die sich gegen mich stellten, nicht wünschen mögen. Ich beeilte mich, zu mir zurückzukehren, zu meinem schläfrigen Zustand, aber ich kam nur langsam voran, indem ich meine Fersen kraftvoll durch den Sand zog, der sich klebrig, zähflüssig und schlüpfrig anfühlte. Es verging eine ziemlich lange Zeit, bis ich spürte, wie ich keuchte und meine Kräfte mich verließen, um zu merken, dass alles ziemlich merkwürdig und unnatürlich war um mich herum. Es lag auch an der Hitze, die mich bei jeder neuen Bewegung mit einer heißen und verschwitzen Membrane umgab und erschöpfte. Auch der Sand schien zu schwitzen, er roch muffig dort, wo das Meer ihn nicht erreichen konnte.

Ich sah durch die glasige Luft der sich ausbreitenden Wärme den zurückliegenden Strand; eine eigenartige Anlage überfüllt mit Algen, Quallen, Schnecken und all den anderen Rückständen, die sich zu einer bizarren Paste vermischten, die wie ein kurzes Leuchten sich bewegte und von einem geheimen Lebenshauch beseelt schien. Ich verstand nicht, was da vor sich ging, was eigentlich bereits vorgegangen war. Ich beeilte mich, um möglichst schnell vorwärts zu kommen. Ich hob meine Schritte aus der weichen Umklammerung des Sandes wie aus einer heißen Tasse. Meine Fersen fühlten sich an wie beschichtet von einer dickflüssigen, elastischen Substanz, die den Boden nach und nach immer dicker zu bedecken schien. Als ich mich den Wohnhäusern näherte, sah ich, dass sie an der Oberfläche schwitzten, feucht glänzend leuchteten sie in der Sonne. Auch die Blätter der Bäume leuchteten als wären sie eingesalbt. Die gesamte Landschaft war überzogen von einem strahlenden Glanz, der mir glitschig und gefährlich vorkam. Das Gras schimmerte nass. Aber die abnormal feine Nässe des Rasens verwandelte ihn in eine grüne Masse, in der die einzelnen Grashalme nicht mehr zu unterscheiden waren.

Ich betrat den Rasen und hinterließ tiefe Spuren, die wie in einem Teich weich aufgesaugt wurden und verschwanden. Auf dem Weg zum Zimmer fühlte ich, dass meine Füße leicht und angenehm in den Zementboden versanken und grüne Spuren hinterließen – die Spuren von der grünen Algendecke am Strand. Das konnte mich aber nicht erschrecken. Ich freute mich, mein Zimmer unverändert vorzufinden, streckte mich auf dem Bett aus und fühlte, wie mein befreites Inneres bereit war, sich dem Schlaf hinzugeben. Es blieben nur die Eindrücke zurück. Es fehlte mir die süße und durchsichtige Gleichgültigkeit. Ich war erfüllt von Landschaften, Ideen und guten Gefühlen. Die klebrige Masse an den Füßen trocknete und verhinderte so, dass ich das Erlebte vergessen konnte. Ich war nicht bereit zum Schlaf, obwohl ich mir einbildete, dass der Weg dahin immer frei ist. Ich gehörte zu den glücklichen Menschen, die immer einschlafen können. Ich hatte den Schlaf jedoch am frühen Morgen gegen das (Er)Leben eingetauscht und konnte nun nicht zurückkehren, als sei nichts geschehen. Ich hatte es gewagt, mich gegen den Schlaf zu wenden, die schönste aller Gaben zu bedauern, um meine Zersetzung zu beschleunigen, mein Altern einzutauschen gegen eine unbekannte Anwesenheit. Siehe nun, ich war präsent. Die Augenblicke wanderten durch mein Inneres, ich fühlte, wie sie sich auf meinen Zellen ablagerten, auf meiner Haut und mein Haar. Der Schlaf war wie ein entferntes Ufer, ein vergessenes und unverständliches Paradies. Ich hatte mich selbst daraus verjagt, ich hatte den einzigen Unterschlupf, der mich vor der Ungewissheit, dem verlockenden Universum schützte, selbst verlassen. Ich fühlte, wie die Sonne durch das heiße Dach des Hauses bedrohend wirkte. Ich kannte ein anderes Ufer, in dem ich genauso umkehrbar und still verschwinden konnte. Die Luft in meinem Zimmer dampfte, war stickig und fast zum Schneiden sichtbar heiß. Und es zischte bei der geringsten Bewegung.

Ich wollte ein Buch aus dem Regal nehmen, konnte aber meine Hand nur schwer hochheben. Wie im Wasser stieß sie auf die sture Existenz der Elemente. Das Buch weigerte sich scheinbar, sich von den anderen Büchern zu lösen. Und als ich versuchte, es herauszureißen, erstarrte meine Hand in der Mitte der Bewegung. Das Buch klebte an meinen Fingern, es löste sich nicht aus der Bibliothek, sondern dehnte sich aus und zog sich wie eine elastische Paste in die Länge, ähnlich einem weichen Gummi, wie eine dickflüssige Materie sah alles aus. Fasziniert zog ich ununterbrochen an dem Stück warmen Plastilins, das beim Ausdehnen seine Farbe verlor. Erfüllt von einer erhitzten Neugier sah ich, wie die Buchstaben auf dem Buchdeckel sich langzogen, sich breit ausdehnten, bis nur noch einige Streifen übrig blieben, die sich danach verwischten. Mich ergriff die Furcht, als ich realisierte, dass die Buchstaben endgültig verschwunden waren, noch ehe ich sie hatte lesen können. Hoffnungsvoll stellte ich die deformierte Masse zurück in die Reihe der anderen Bücher, an ihren ureigenen Platz, damit sie eventuell ihre alte Form wiedererlangen konnte. Doch da ließen sich die anderen formstabilen Buchbände zusammendrücken und begannen, sich kleiner und größer zu verformen, um dem Plastilinball, den sie zu erkennen schienen, Platz zu machen. Diese sonderbare Solidarität zwischen den Büchern war lediglich der Beginn einer Absurdität. Der Griff meiner Hand nach den Büchern schien sich von Buch zu Buch, von Regal zu Regal wie ein Domino oder wie die Kreise eines ins Wasser geworfenen Steines immer weiter fortzusetzen. In dem Maße, in dem diese unnatürlichen Kreise ans unwirkliche Ufer gelangten, verschwanden sie und neue Kreise rollten entgegengesetzt mit einem anderen Ziel und einem anderen Zentrum als das Ursprungswasser. Die Wellen, die sich zur Wand hin ausbreiteten, stießen dort zusammen und bildeten andere Epizentren, aus denen sich immer neue Kreise in einer absurden Fortbewegung durch die unbegreifliche Materie der Bücher bildeten.

Die gesamte Bibliothek verwandelte sich in eine dickflüssige Masse. Diese bedrohliche Veränderung des Handfesten schien sich eher im Traum denn in meinem wirklichen Leben zu ereignen, das ich mir mit so viel Unerschrockenheit und Leichtigkeit ausgewählt hatte. Das war erschreckend, weil es unverständlich war. War es ein Aufbäumen der Materie oder die natürliche Folge einiger Regeln, die ich nie hätte kennen lernen oder erraten können? Ich ähnelte dem lächerlichen Held in der Geschichte, der die Jugend ohne zu altern verließ, das Leben ohne Tod, um zurückzukehren in eine Welt, an die er sich gar nicht mehr erinnerte. An was erinnerte ich mich wohl nicht mehr? Gab es in meiner Erinnerung etwas, das mit viel Glück wieder entdeckt werden konnte und die Widerlichkeiten meiner Umgebung enträtseln würde? Ich konnte das Gute von dem Bösen unterscheiden, aber ich habe mich nie gefragt, was geschehen könnte, was geschieht, wenn ich das Gute nicht mehr finde. Deswegen suchte ich es auch gar nicht. Aber jetzt brauchte ich es. Es konnte nicht sein, dass es verschwindet, dass sich alles vermischt, bevor ich wusste, was ich verliere. Es konnte nicht sein, dass all diese Bücher, von denen ich wusste, dass ich sie nur öffnen musste, um alles zu verstehen, so plötzlich verschwanden, bevor ich mir ihr Wissen erlesen konnte …

Die Bibliothek floss langsam über den Teppich und in den Teppich hinein. Wie ein ruhiges Gewässer, das einen stillen Nebenfluss aufnimmt, nahm der Teppich die Bibliotheksmasse in sich auf, und seine Höhe wuchs leise an. Währenddessen begannen auch die Wellen des Bettes langsam und unaufhaltsam zu wachsen und katzenartig erfassten sie mich wie eine ölige Flüssigkeit, die nicht haften blieb. Scheinbar unentschlossen gelang es ihr nicht, mich zu bedecken. In der Nähe meines Körpers angekommen, faltete sie sich, ohne mich zu erreichen. Die dicke, glänzende Flüssigkeit tänzelte um mich herum, machte Luftblasen und suchte einen Weg, um mich zu umgeben. Ich stand reglos da, ohne etwas zu unternehmen. Mein Staunen und meine Verzweiflung waren so groß, dass die Angst keinen Platz mehr hatte. Eine böswillige Neugierde gegen mich selbst verursachte in mir eine krankhafte Ungeduld zu erfahren, was noch folgen wird, um wenigstens diese Welt, die hier im Begriff war zu verschwinden, so zu verstehen.

Die Welt verschwand aber nicht. Sie veränderte sich nur. Die Straßen machten noch nicht mit. Sie waren nass, als ob es vor kurzem geregnet hätte. Der Asphalt hatte sich wegen der Hitze verflüssigt. Das war wie jedes Jahr im Sommer. Niemand war deswegen beunruhigt. Ich wartete mit Erregung auf die schmerzhafte Folge. In weniger als einer halben Stunde sind die Gehsteige geschmolzen und zwar so, dass die Schuhe mit den Füßen darin stecken blieben und sich nicht mehr bewegen ließen. Es war unmöglich, dass die anderen nicht die Schwierigkeit vorwärtszukommen, wahrnehmen konnten. Und trotzdem, die Menschen strengten sich an mit einer Natürlichkeit, mit der sie sonst spazieren gingen. Nichts schien ihnen selbstverständlicher. Die Wände der Häuser begannen sich sanft zu biegen, sie wellten sich kaum spürbar und neigten bedrohlich ihre Traufen. Die Säulen wanden sich und fielen müde zu Boden wie geschlungene Seile. Von einer Stunde zur anderen hatte sich die Landschaft verwandelt. Es gab kein Auge, das behaupten konnte, dies nicht zu sehen. Offensichtlich sahen alle alles.

Vielleicht verstanden sie es sogar. Sie waren jedoch zu kraftlos, um noch erschreckt werden zu können. Oder sie hatten das Geschehene vorhergesehen und kannten somit das Ergebnis bereits. Sie schienen jedenfalls von einer merkwürdigen Fröhlichkeit gepackt, die unangemessen war. Sie planschten fröhlich und versuchten, vorwärts zu kommen, doch obwohl ihnen dies nicht gelang, schienen sie nicht beunruhigt. Von Zeit zu Zeit fielen sie hin und erhoben sich wieder alle zusammen, verschmutzt, nicht wieder erkennbar, aber mit einem gewissen Stolz, dass sie dem seltsamen Ereignis beiwohnen konnten. Sie wussten offensichtlich mehr als ich. Ein abgewinkelter Sims oberhalb der Straße hatte sich gelöst. Er fiel wie ein riesiger Tropfen, einer dicken undurchsichtigen Träne ähnlich, nieder. (Ich sah die Materie weinen!) Beim Herabfallen erfasste er zwei Menschen, deren Körper nun unbeweglich und starr schienen, ehe der dicke Asphalt sie vollends bedeckte. Ihr Verschwinden ging im unerträglichen Lärm unter, in einem großen Chor verzweifelter Schreie, die dem Augenblick folgten, als ein mehrstöckiges Gebäude einstürzte. Es war das Telefongebäude. Hunderte, tausende von Menschen versammelten sich ringsherum und starrten mit weit aufgerissenen Augen auf den Beginn des Spektakels, ohne zu bedenken, dass sie Gefahr liefen, von der Wellenbewegung des Einsturzes selbst unter dem Gebäude begraben zu werden. Der Koloss aus Stein und Marmor verlor seine Ecken und Kanten und verschwand fast unbemerkt, sich im Kreise windend. Die Fenster verloren ihre Symmetrie, der Sog nach unten verbog sie in alle Richtungen, einige in die eine, andere in die andere Richtung, sie verdrängten sich gegenseitig und prallten zusammen. Zwischendrin sah man eine gesamte Etage, die sich wie eine Harmonika im Inneren des Gebäudes zusammenfaltete. Einer Wunde gleich verlor die vertikale Linie im Innern an Höhe, wobei sie von Sekunde zu Sekunde weiter fortschritt. Es war kein spektakulärer und brüsker Einsturz. Alles geschah wellenartig, verzögert, so, als ob der Palast sich niederließ, immer breiter werdend und runder, flachte er gemächlich ab. Es blieb nur ein Hügel übrig, ein aufgeweichter Erdhaufen mit einem Buckel, der sich weiterhin langsam resorbierte, bis hin zum letzten Seufzer, als er wie im Sog von einer großen fließenden Magmamenge vollständig begraben wurde.

Das Schauspiel wurde von einem unvorstellbaren Krach sowie von Schreien begleitet, undefinierbare Silben, Gebrüll und alarmierende Rufe waren vernehmbar. Die Töne schienen als klebten sie aneinander, und waren immer schwerer auseinanderzuhalten. Sie kamen guttural, mühsam geformt aus geballten Kehlen. Ich hatte das Gefühl, dass hier etwas viel Absonderlicheres und Erschreckenderes passiert als lediglich der Zusammenbruch der Mauern und das Dahinschmelzen der Straßen. Die undefinierbaren Laute, die immer undeutlicher wurden wegen des Lärms und des Aufeinandergeprallens der Gebäude, waren einfach so geboren. Sie waren Zeichen einer nicht artikulierten Freude, einer Zersetzung. Ich versuchte, meine Aufmerksamkeit auf das Erkennen und Auseinanderhalten der Wortsilben zu richten, verzweifelte aber daran. Während ich zwei Silben zusammenbekam, entfiel mir die dritte und der Sinn des Wortes, das ich mit verzweifelter Mühe zu erstellen versuchte, verschwand. Ich hörte weiter hin und setzte meine ganze Vorstellungskraft und meinen guten Willen ein, musste aber letztendlich einsehen, dass es unmöglich war. Es war heiß, schrecklich heiß, aber es war doch nicht möglich, dass deswegen auch das Gehirn dieser Leute schmolz wie der Asphalt. Es war unvorstellbar, dass auch die Sätze zusammenhanglos waren, die Gedanken verdampften. Ich konnte keine Warnung mehr ausrufen. Eine fröhliche Verwirrung einte die entfesselten Schreie der Vorübergehenden, die von einer Seite zur anderen hetzten und mit zwanghaftem Lachen und wirbelnden Armen auf ihr Unglück aufmerksam machten. Sie suchten immer nach einem großartigen, noch außergewöhnlicheren und noch umfassenderen Spektakel.

Es gab kein vollkommeneres Schauspiel als dieses mit einer sich vorwärtsbewegenden Menschenmenge, die immun gegen Schmerz,

Angst, Tod und sich ihres Schicksals nicht bewusst, ihre Verwirrtheit in Jubel verwandelte. Und trotzdem kamen viele dabei zu Tode oder sie entdeckten vielleicht eine andere Existenzart unterhalb dieser, die von den sich ausbreitenden immateriellen Wellen abgedeckt wurde. Sie verschwanden ganz einfach, ohne Spuren zu hinterlassen und ohne verzweifelt zu sein, lachend und mit geöffnetem Mund, der sich mit Magma füllte, die sich überall hin ausdehnte. Die Körper verschmolzen ineinander und fielen wohlgelaunt und im Krampf des Vergnügens und der Hysterie in das Fluidum des gemeinsamen Grabes. Über ihnen schäumte das Meeresufer, Wasserkreisel bildeten sich auf dem Wasser, das daraufhin endgültig still wurde. Welche Monster werden am anderen Ufer geboren, die aus diesen sensiblen und geschmacklosen Kopulationen entstanden sind, welche Lebewesen entsteigen am Ende aus dem Erdklumpen nach der Apokalypse, welche die Erde danach bevölkern werden? Wären sie fähig, Millionen von Jahren zu warten, um eine Fauna zu gebären oder eine neue Menschenrasse? …

Die letzten Überlebenden verschwanden wie ein Gespenst, das sich in der Morgenbrise auflöst. Ihre Haare begannen zu fließen, die Arme und Hände verlängerten sich in die Endlosigkeit, das Fleisch rutschte von den Knochen, die noch eine Weile länger als Skelett aufrecht blieben, um sich schließlich auch in dem zähflüssigen Ozean aufzulösen. Es war ein wahrhaftiges Spektakel, dessen Besinnung mich gefühllos fesselte und schweben ließ, um mich bereitwillig loszulassen. Die Stadt lag wahrscheinlich an einem Hang, denn plötzlich begann die geschmolzene Masse in die Tiefe hinab zu gleiten. Wie ein riesiger Fluss floss sie dem unbekannten Abgrund entgegen zwischen zwei nicht allzu hoch gelegenen Ufern, den einstigen Häusern, die zernagt und weich waren, bereit, auch mit der Masse zu verschmelzen. Ich entdeckte dann, während ich fast schwimmend durch diese flüssige Landschaft vorwärtstrieb, die merkwürdige Lage dieser Stadt, mit Straßen, die wie Bänder an der Spitze der Kathedrale angebunden waren und von dort aus zum Rand hin in symmetrischer Freiheit schwebten. Die Kathedrale stand erstaunlicherweise immerhin noch als einzige da – mit bizarren und lächerlichen Formen, die in wundersamer Weise in dieser formlosen Wüste, die fast still und ruhig vor mir lag, herausragte. Nicht mehr für lange Zeit, sicherlich.

Auch der Himmel begann zu fließen. Wie eine blaue Flüssigkeit schlenderte er in dicken Farbflecken über die Landschaft. Als gäbe jemand ein unsichtbares Zeichen, begann die stehengebliebene Kathedrale langsam unter diesem Farbschauer unterzutauchen. Sie verlor dabei nicht ihren Relief, der von der Schwere des Himmelblaus umschlungen wurde und schwebend in einer mysteriösen Luke hängenblieb. Das fließende Blau hatte wie eine spektakuläre Rüstung ihre Kuppeln eingehüllt. Mit dieser letzten freiwilligen Hingabe der Kathedrale konnte nichts mehr das zähflüssige Feld aufhalten, deren letzter Bewohner nur ich noch war.

Ich glaube, dass ich in diesem Moment anfing zu weinen. Es war nicht ein Weinen des Leides wegen, das ich endlos seufzend und tränenreich begoss, sondern es handelte sich um eine Erleichterung, in der die nervliche Anspannung sich auflöste, und der Wunsch, etwas zu unternehmen und zu retten, eine Entspannung bedeutete. Jetzt, wo nichts mehr gerettet werden konnte, spürte ich ein beispielloses Widerstreben für all die phantastische und sinnlose Schönheit.

Der Himmel zerging und floss auf der Erde. Oder war es nur die Farbe, hinter der er sich verbarg? Stattdessen sah ich über meinem Kopf eine große Leere, farblos und grenzenlos, eine Leere, die der Verstand nicht imstande war zu begreifen, in deren gläsernem endlosem Plasma die Sonne wie ein großer Dotter schwebte. Der Sonnenuntergang kam näher. Es war das Ende eines Tages, an dem sich das Gesicht des Universums geändert hatte und sich die Stille eines pflichterfüllten Tages ausbreitete. Auf der erschöpften Materienoberfläche spiegelte sich die gezähmte Sonne, verheißungsvoll. Die Farben, die der Tag schmelzen ließ, die er vernichtete und vermischte, um das schreckliche Weiß zu erhalten, tauchten im Schatten auf. Sie tauchten auf und existierten unterschiedlich weiter. Auf der riesengroßen fließenden Steppe widerspiegelten sie sich, tauchten unter und wieder auf, folgten dem Atmen der Erde unter ihnen. Und diese Nuancenverschiebung um das Gesicht der in der fließenden Materie versunkenen Sonne, die sich zu sterben vorbereitete, indem sie sich verdoppelte, überwältigte mich in ihrer grenzenlosen, unwiederkehrbaren Schönheit. Ich weinte, während ich durch die zähflüssige und strahlende Masse vorwärtsschwamm. Ich schwamm und weinte verzweifelt, ohne zu wissen, ob es eine Ankunft gibt, einen Ort, an dem ich ankommen konnte. Überhaupt. Ich begriff endlich, dass die geschmolzene Masse mich nicht beschmierte und ihre Farben es nicht wagten, mich anzurühren, und dass ich nicht verrückt geworden war, dass ich eben nicht auch verschwunden war, da die böse Kraft, die diese Episode der Apokalypse antrieb, mich als Zeuge ausgewählt hatte. Ich existierte, um zu sehen. Ich war da, um diesem Schauspiel einen Sinn zu geben. Ich war der Zuschauer, der am Leben blieb, um das Wunder zu bestaunen und zu applaudieren, aus dem einfachen Grund, dass ich nicht mit untergegangen war. Aber ich wollte nicht applaudieren. Ich wollte nicht einziger Zeuge dieser wundervollen und widerlichen Kataklysmen sein.

Die einzigartige Schönheit, die lächerliche Tränen der Bewunderung verursachte, ließ mich vor Schmerzen und vor ohnmächtiger Revolte winden. Meine einzige Chance war, diesem bewundernswerten Spektakel der verheerenden Schönheit den Rücken zu kehren. Ich musste es nicht anerkennen, ich musste mich von ihm entfernen, es vergessen. Alle Gefühle, die ich damit verband, unterbinden, es nicht bewundern, nicht hassen, mich nicht faszinieren lassen, das Leben nicht als so grausam betrachten. Ich musste mich gegen diese unverständliche Kraft wehren, gegen meinen eigenen lebendigen Körper, der mir nicht mehr gehorchen wollte. Ich musste schwimmen, schwimmen, schwimmen. Ich schwamm mit aller Kraft weiter, ohne zu wissen, wohin – als letzte Geste des

Widerstands, der Ablehnung. Ich schwamm mit letzter Energie, während meine Augen, deren Lider von einer süßen Röte durchdrungen wurden, sich schlossen und mein Körper sich kraftlos nach unten sinken ließ, hinunter in die unbekannten Tiefen der Materie.

Ich erwachte am gleichen Strand. Ich hatte nichts vergessen.

Es wurde Abend. Die Algen schienen schwarz und der herumliegende Müll hatte merkwürdige Profile, die mysteriös schienen. Das Meer atmete langsam, als schien es sich um etwas schuldig gemacht zu haben, wie es sich versteckte, um keine Aufmerksamkeit zu erregen, als trüge es einen Respekt in der Art, wie es seine regelmäßigen und vorhersehbaren Bewegungen machte. Die Luft färbte sich bunt, indem sie in einem tiefen Blau kondensierte. Ich lag ausgestreckt auf dem Rücken am Strand mit weit ausgebreiteten Armen. Meine Muskeln fieberten vor Schmerz, der bis in die Gliedmaßen ging und sich der Arme entlang bis in die Fingerspitzen und in die Fußsohlen, hin zu den rissigen Fersen zog, von wo er scheinbar in den Boden floss. Die Haare verhedderten sich in den sandigen Muschelsplittern und den winzigen Schalen kleiner Schnecken. Von einer gelegentlichen Windböe erhob sich mein Haar wie an einem zart gebrochenen Mast hängend, der sich noch erheben, aber nicht mehr die lebendige Last des Lebens fortbewegen konnte. Der Kopf lehnte sich fast zärtlich, als ei er vom Körper getrennt, an einen halbverbogenen eckigen Kasten mit einer unlesbaren Etikette. Eine der längeren Meereswellen erreichte mich und streifte gefährlich respektvoll meine ausgestreckte Hand, ließ meine eingeweichten Haarsträhnen unter dem nassen Sand verschwinden, so als wären sie unsichtbar. Immer wieder streifte eine Welle meine Wange, auf der das Salz der Tränen klebte, und weichte diese auf, um dann wieder plötzlich im Boden zu versinken, wie nach einer verdächtigen Absprache. Einzelne Sterne erschienen am Himmel, schwach und blass, so als ob sie jeden Moment wieder verschwinden könnten. Ich lag ausgestreckt auf dem Rücken, mit dem Gesicht zu ihnen, einer immensen Leere entgegenblickend, in der die Sterne ihr Funkeln fast schüchtern einstreuten.

Ich spürte, wie sich die Erde mit ihren Meeren und Ozeanen, die in ihren Flussbetten schwankten und langsam vorsichtig drehte, aus Angst vor dem Abgrund. Wie ich so leicht angeheftet auf dem Boden lag, an einem Strand mit der Unendlichkeit über mir, in die ich jeden Moment hineinfallen konnte, ohne Hoffnung, zwischen all den unbekannten Sterne. Ich hatte keine Angst, da ich wusste, dass es ein Fall ist wie ein Flug. Ohne es jedoch zu wollen, fasziniert und bereit, mich fallen zu lassen, verkrampften sich meine Finger verzweifelt in den Sand, in die Algen hinein, in den Müll und das Wasser. Meine Zellen, die aus denselben chemischen Elementen waren wie die Moleküle dieser Rückstände, dieser Steine, Pflanzen, solidarisierten sich mit diesen und weigerten sich, mir zu folgen. Meine Zellen waren krank vor Müdigkeit und Anstrengung, vor Verzweiflung über den einstigen Gemütszustand. Sie waren wie eine Art organisches Plasma, eine Laune meines gesamten Körpers, der verzweifelt dem Abscheu und der Revolte ausgeliefert und zu erschöpft war, um sie auszudrücken, um sich aus ihren verschlungenen Fängen, in denen sie garten, zu befreien. Ich hatte nichts vergessen. Das Erstaunen legte sich Schicht um Schicht darüber, die mit jeder Stunde immer dicker wurde, die sich unerklärlich über mich legte.

Als ich aufstand, war die Dunkelheit so tief, dass man das Meer nicht mehr sehen konnte. Man hörte lediglich sein Grunzen, sein leidenschaftliches Seufzen, das teils aufgeregt, teils erschreckt neben mir wahrzunehmen war. Nur wenige Meter entfernt, am Ufer, wurde die Dunkelheit von einem weißen Fleck unterbrochen. Wie eine lange Insel aus Rauch, die sich langsam schaukelte, lag das Ufer vor mir. Welche neuen und seltsamen Überraschungen warteten denn noch auf mich? Welche unerwünschten Wunder standen mir noch bevor? Ich konnte kaum etwas unterscheiden, als ich in unmittelbare Nähe des mysteriösen Wesens gelangte. Es war ein Wesen, ein länglicher und matt glänzender Körper, der bei Licht mit Sicherheit blendend hell leuchten müsste, wenn es imstande wäre. In der es umgebenden Dunkelheit bewahrte es den halluzinierenden Glanz eines Opals. Ein Wesen sicher, eine Anwesenheit, von der ich nicht wusste, welchem Reich sie zugeordnet werden konnte, etwas Leidendes und Hoffnungsloses, das mir Furcht einflößte, mich aber auch anzog und mich eine seltsame Verwandtschaft mit ihm fühlen ließ. Ich spürte plötzlich, dass sich im Kennenlernen dieses Wesens eine große Entdeckung verband, dass ich an dieser undurchdringbaren Form des Schicksals hing, ein Schicksal, das mir noch unbekannt war. Dann erschien der Mond unerwartet schnell, als ob er sich verspätet hätte und beleuchtete plötzlich alles um mich herum. Er umfasste die Gesamtheit mit seinem großen Blick auf die Welt. Es war ein Kind-Delfin, der in einer definitiven Grazie auf dem Strand ausgestreckt dalag, mit weißer Haut wie der Rauch und rosa-graues Fleisch am Körper, der geöffnet war und seine Organe waren wie in einer Form angeordnet darin. Er war entlang seines gesunden Körpers ausgeweidet. Der Körper war wahrscheinlich noch nicht so lange tot, da seine Zellen immer noch reinigende Schmerzen spürten. Es war eine fast unaussprechliche Erscheinung. Unfassbar, geruchlos wiegte ihn das Meer sachte und umspülte ihn rhythmisch, als könnte es sich nicht entschließen, ihn aufzunehmen. Ich stand neben ihm und betrachtete ihn mit einem Gefühl beruhigender, aufklärender Erschöpfung. Er war schön, schöner, als das Leben je sein kann, und überstrahlte mild jene zweideutige Mischung aus Faszination und Abstoßung, die der Tod ihm verlieh. Er lag auf dem öden Strand, auf der Strecke zwischen dem Wasser und dem Ufer und schwebte unentschlossen zwischen zwei Welten, die ihm gleich fremd waren: Der Delfin lag im Sterben, schön, mit dem weißen Rücken gegen die Wellen gerichtet, die ihn ausgeworfen hatten, während er dem unbekannten Trockenen die höchste Opfergabe darbot, seine zerrissenen Eingeweide. Welche Meereskataklysmen hatte dieses Meereswesen angezogen, das dafür die furchtbaren Geheimnisse des Landes vorzog. Ich werde es nie erfahren, so wie ich auch niemals erfahren werde, ob das Meer, das ich mit dem Delfin eintauschte, ob der Boden, in dessen Tiefen er meinen Platz einnehmen wird, genauso unverzeihlich vorgehen wird mit so seltsamen Gästen, wie wir es sind. Der Mond hatte sich erhoben und zeichnete wohlwollend einen leuchtenden Weg von mir zu ihm: Ich verstand – endlich.

Der Moment war von deutlicher Feierlichkeit, fast musikalisch. Der Wechsel der Geisel geschah einfach, ohne Worte, ohne Tränen. Anstatt des ausgestoßenen Delfins, wegen wer weiß welcher mysteriösen Rebellion, war das Meer bereit, mich aufzunehmen. Ich weigerte mich nicht. Ich schritt auf dem Wasser, und, wie ich bereits ahnte, ging ich nicht unter, sondern im Gegenteil, der Wasserweg wurde immer dichter unter meinen Schritten. War das nun ein Zeichen der Liebe oder ein neues, erschreckendes Wunder? Ich hatte plötzlich und ungerechtfertigt und wohltätig Vertrauen in die missverstandene Vernunft ohne Grenzen, der ich mich anvertraut hatte. Ich spürte, wie jede Zelle meines Körpers sich leicht anfühlte und jedes Atom meiner Seele sich unversehens beruhigte. Mein Körper fühlte sich weich an, müde, schläfrig und willig, sich einer unbekannten Macht hinzugeben. Nach langer Zeit tat mir nichts mehr weh und zum ersten Mal wunderte ich mich nicht mehr darüber. Ich ging langsam, gefühllos fast und ohne Eile schritt ich voran. Es schien mir, als bewegte ich mich auf einem glatten Spiegel, der sich beim Berühren wohlig anfühlte. Ich dachte nicht mehr an die mysteriösen, wunderbaren oder grauenvollen Abgründe, die es mir ermöglichten, sie zu durchschreiten oder sie zu überwinden. Ich fragte mich nicht, welcher phantastischen Ereignisse ich Zeuge wurde. Ich fühlte mich gut; ich fühlte mich wie zu Hause. Ich fühlte, wie sich meine Lippen ohne meinen Willen zu einem neuen, unbekannten Lächeln formten. Ich schritt auf dem Weg, den mir der Mond auf dem Wasser zeigte, und das Öl des Lichtes salbte meine zerschlissenen Fersen, die bei jedem Schritt ein leises Rauschen verursachten, ich kam mir fast kindisch vor. Werde nicht wach, betete ich, noch ein wenig, bitte, werde nicht wach!

Wie ich so voranschritt wurde der Mond immer größer, er wurde unwahrscheinlich groß. Ein Tor. Ich wollte laufen, aber meine Bewegungen waren langsam, ich schwebte und jede Sekunde war ein langer Glücksmoment. Bitte lass mich nicht aufwachen, betete ich, noch ein wenig, bettelte ich lächelnd, lass mich nicht aufwachen … Und ich hörte mich noch lange danach betteln, als mir bereits bewusst war, dass ich davor keine Angst mehr hatte …

Herbst

Kindheitserinnerungen

Im Unterschied zu den anderen Räumen des Hauses hatte dieses eine ewig kalte Zimmer eine ungewöhnlich hohe, nach oben gewölbte Decke. Diese war gestützt von vier streng anmutenden, mittelalterlichen Pfeilern, deren Bogenverzierung über den Fenstern mit dunkelgrau lackierten Holzläden albern wirkte. Obwohl im Zimmer ein grüner Kachelofen stand, blieb dessen gusseiserne Tür stets geschlossen, so wurde es niemals beheizt, so dass es innen im Laufe der Jahre unabhängig von der Jahreszeit gleich kalt blieb. Ich erinnere mich, dass ich im Winter den Raum schnell durchlief, um im Nebenzimmer meinen vor Kälte schaudernden Rücken an die heißen Kacheln des Ofens zu schmiegen; ich erinnere mich, dass ich mich sommers bei glühender Hitze leichtsinnig nach der Kühle sehnte, die mich schon nach einigen Minuten frösteln und niesen ließ; vor allem aber erinnere ich mich an die Nachmittage im August, als ich – nachdem man mir unnachgiebig den unter das Kinn und bis zu den Ellenbogen hin gesickerten Fruchtsaft abgewaschen und die Grasspuren von den Knien geschrubbt hatte – zum Schlafen im großen, von Kissen überladenen Bett gezwungen wurde.

Nach dem obligatorischen Weinen, geboten von der Würde des unterbrochenen Spiels, eröffnete sich mir eine andere, seltsame Welt, in die ich jedes Mal erwartungsvoll eintauchte, angsterfüllt und voll freudiger Erregung zugleich. Vergraben in Daunendecken, fühlte ich mich unter dem kalten und finsteren Gewölbe des Raumes verdrängt, ausgeschlossen vom Sommer, der sich jenseits der geschlossenen Fensterläden gleißend und endlos erstreckte.

Nur durch die beiden nebeneinander verlaufenden Ritze drangen zwei Sonnenstrahlen ins Zimmer. Diese teilten den Raum in zwei Hälften, um plötzlich an der Wand gegenüber als flimmernde Lichtpfützen zu enden. Wie durch ein Wunder – und das gab dem gesamten Geschehen eine magische Aura – stimmten die zwei Lichtpfützen überein mit dem Umfang der nicht besonders großen Bilder, die symmetrisch am Fußende des Bettes hingen. Drastisch hoben sie sich ab von der dunklen Wand mit fast irrealen und zugleich unglaublich deutlichen Konturen. Es waren zwei Aquarelle, eingefasst in schmale, polierte Holzrahmen. Die Gemälde stellten je eine Landschaft dar. Beide haben sich mir ins Gedächtnis eingeprägt, nicht als gewöhnliche Bildmotive (ich werde nie erfahren, wer der Urheber dieser zwei Aquarelle auf Karton war, die mich ein Leben lang begleiten sollten), sondern als Gegenden, durch die ich anscheinend gegangen bin und in denen ich mich irgendwann aufgehalten habe, zwei archetypische Lebensräume, in die ich zurückkehren musste, um sie von Neuem zu entdecken.

Auf dem ersten Bild war ein steiles, jäh abfallendes Meeresufer zu sehen, geformt aus trockenem, fast zu Stein gewordenem Lehm, ohne dabei felsig zu wirken. Von der Erde hatte es nur die intensiv gelbliche, ungesunde Farbe; krank schien auch die Färbung des naheliegenden Meeres, die fließend überging in die graublaue, fast weiße Nuance des Himmels. Der Unterschied war allein anhand eines tatsächlich weißen Flecks auszumachen – ein Segeltuch oder ein Vogel in der Weite –, der den matten Farben ringsum durch Kontrast Intensität verlieh. Ebenfalls grau und ebenfalls weiß erhob sich am Ufer sehr prägnant ein ärmlich wirkendes Haus. Es stand da, als hüte es die Ferne. Das zweite Bild stellte ein aus Balken zusammengefügtes Gebäude dar, eine Art naturbraune Scheune, die sich längs eines von verdorrten Blättern bedeckten Weges hinzog. Umsäumt war der Weg von gelben, nahezu goldfarbenen Pappeln, die in Schlangenlinien allmählich in der Tiefe verschwanden, begleitet vom sanften Licht eines Himmels ohne jede Spur von Blau.

Was die Bilder so seltsam machte und in mir ein schmerzliches Gefühl entfachte, an das ich mich bis heute lebhaft erinnern kann, war die bizarre Stimmung von Vergeblichkeit, die über diesen beiden Landschaften schwebte. So zumindest empfand ich es an einem Herbsttag, dessen völlige Bedeutungslosigkeit tief mit meinem Inneren verbunden war. Nichts schien zu geschehen in diesen Häusern, die eindeutig von niemandem bewohnt waren, errichtet an Orten, die kein Mensch betrat. Trotzdem, vielleicht eben deshalb, weckten sie nostalgische Emotionen, eindringlich, schmerzhaft, so dass ich ohne äußeren Anlass zu weinen begann, und ich weinte, bis ich ermattet einschlief. Ich schlief ein, indem ich die Landschaften von der Wand mitnahm in meine Träume, vollgefüllt mit Begebenheiten und Schreckgespenstern, die ich sofort nach dem Aufwachen vergaß in diesem Zimmer, in dem die eingefallenen Lichtstrahlen erloschen waren, und mit ihnen, wie ich voller Entsetzen feststellte, auch die Landschaften am Fußende des Bettes. Ich schrie, um gehört und zurück nach draußen in den Sommer gebracht zu werden. Dort gab ich mich wieder dem kindlichen Spiel hin mit einem Eifer, der aus der Schuld erwuchs, es verraten zu haben. Mit aller Macht wollte ich die zwei, in meiner Erinnerung wie besessen auftauchenden Landschaften vergessen, deren Sinn mir unbegreiflich, jedoch von prophetischer Bedeutsamkeit war. Siehe, eine Kindheitserinnerung.

Es fällt mir schwer zu erklären, was diese Erzählung mit der folgenden, die ich anfügen möchte, gemein hat, bin mir aber sicher, dass es zwischen beiden einen Zusammenhang gibt, ohne zu ahnen, worin dieser besteht. Dass die Wurzeln der zweiten Geschichte in der ersten liegen müssen, bestätigte sich auf merkwürdige Weise und ist mit derart wichtigen Umständen meiner Kindheit verbunden, dass ich sie gesondert erzähle. Denn aus der schmerzhaft schwärmerischen Erinnerung an die sinnlosen Landschaften sind alle Wirrnisse meines späteren Lebens hervorgegangen. Wie ließe sich die offensichtliche Bedeutung der beiden Aquarelle in meinem Dasein einleuchtender beweisen als durch die Tatsache, dass ich jetzt, in einer schier ausweglosen Lage, diese Zeilen niederschreibe, also mit der Aufzeichnung einer scheinbar belanglosen und handlungsarmen Kindheitserinnerung beginne. Alles wird begreiflich aus der absurden Gewissheit heraus, dass die Lösung des Rätsels für die gegenwärtige Situation greifbar wäre, wenn ich für das quälende Gefühl von damals eine Erklärung hätte. Alles ist ein einziges Mysterium, das in verschiedenen Formen zutage tritt, verstreut in unbedeutenden Gegenden und im Abstand von Jahrzehnten.

Obwohl es vor Ende November geschneit hatte, war der Herbst noch nicht vorbei. Er bekam so einen neuen, unvermuteten Glanz und einen doppelsinnigen Reiz. Ich ging im Park spazieren und konnte mich nicht sattsehen an den Ästen, die noch voll waren von zarten, golden schimmernden Blättern, auf denen schwer und weiß der Schnee lag. Ich richtete es so ein, dass ich nur nachmittags zur Arbeit ging, um an den Vormittagen frei zu sein und nach Belieben auszuschwärmen. Mich in Betrachtungen zu vertiefen versetzt mich jedes Mal in eine solch ekstatische Erregung, dass ich stundenlang unbeweglich vor einer Aussicht verharren konnte, überzeugt – obwohl mir kein einziger Gedanke durch den Kopf ging (oder vielleicht eben deshalb) –, der Erkenntnis noch nie so nahe gewesen zu sein wie in jenen gedankenleeren Augenblicken.

Die Gehwege waren zugeschneit, so dass es unmöglich war, sie auszumachen. Es gab keine Schatten und deshalb auch keine Umrisse, das Weiß beherrschte alles mit unnatürlicher Prägnanz. Das Blätterdach hatte an manchen Stellen jedoch, wie durch geheime Absprache der Jahreszeiten, den Schnee nicht durchdringen lassen, so dass er, unten nicht sichtbar, auf den Baumkronen einen Triumphbogen für den noch gegenwärtigen Herbst bildete. Eigentlich war das nur an den ersten beiden Tagen so. Als später die Schneehaufen entfernt wurden, sahen die Straßen wie ursprünglich aus, feucht und schmutzig, und der Rauch legte seinen dünnen Schleier entweihend über den Schnee. Auf den Wegen von und zur Arbeit durchquerte ich den berühmten Park inmitten der Stadt, wo das

Weiß auf den Ästen immer unansehnlicher wurde, und sehnsüchtig dachte ich an die Felder jenseits der Siedlungen, wo es nur einige Häuser gab, die nicht so dicht gedrängt beieinander standen wie hier. Dort musste der Schnee frisch sein und die Luft den Geruch von Wäsche haben, die an der Leine gefriert. Deshalb war ich froh, als ich erfuhr, dass ich anstelle eines Kollegen eine Büchersendung für unsere Bibliothek aus dem Lager weit draußen, irgendwo in der Nähe des Flughafens, abholen sollte. Die Strecke bis dorthin war zwar nicht länger als zwölf Kilometer, doch freute ich mich auf das Abenteuer. Ohne zu ahnen, dass ich tatsächlich in Schwierigkeiten geraten werde, verspürte ich starke Ungeduld und wurde von Reisefieber gepackt wie in fernen Kindertagen.

Ich fuhr mit einem Lieferwagen, der so aussah wie jene, mit denen man Brot transportierte. Wegen ihrer hermetischen Abriegelung kam mir diese Art von Transportmittel schon immer sonderbar vor. Bereits unterwegs, während ich rechts neben dem Fahrer saß und auf der mir wohlbekannten Straße Richtung Große Stadien fuhr, hatte ich das Gefühl, in eine andere Welt geraten zu sein. Die Strecke verlief vorläufig parallel zu jener, auf der wir uns bisher bewegt hatten, indessen schien mir, dass die kleinste Abweichung, die unbedeutendste Neigung der Bahn ausreichen würde, uns auf verhängnisvolle Weise und vielleicht endgültig vom Weg abzubringen.

So geschah es auch, als der Wagen gleich hinter der Brücke nach rechts bog und jählings aus dem Park, durch den die internationale Autostraße führte, überraschend ein dort nicht vermutetes Vorstadtviertel ansteuerte. Ich sage „überraschend" nicht nur, weil es schmutzig und verkommen war, sondern weil das Elend dort nichts mit der Gegenwart zu tun hatte; die Häuser machten den Eindruck heroischer Improvisationen, zusammengezimmert in Urzeiten. In den Gärten standen greisenhafte Bäume – der Zerfall hatte Patina und auf gewisse Weise auch Reiz. Ab und zu ragten zwischen den knorrigen Stämmen hochgezogene Dächer größerer Kaufmannshäuser hervor, mit aufwendigen Stuckarbeiten und Verzierungen, die im gegenwärtigen Gesamtbild äußerst töricht wirkten.

Meine Hoffnungen erwiesen sich allesamt als wirklichkeitsfern. Der Schnee, der in den vergangenen Tagen so massiv gefallen war, lag verschmutzt in Höfen und auf Vordächern und schmolz gedemütigt unter Schuhsohlen und Autoreifen dahin, wobei das dekadente Weiß den angemessenen Rahmen bildete für die gleichgültige Hinfälligkeit. Im Sommer – besonders zum Herbstbeginn – muss dieser Wechsel an Vegetation von besonderer Schönheit gewesen sein, jetzt aber konnten die dünnen, von Schnee durchweichten Zweige kaum die bröckelnden Mauern und die mit verschlissenen Teerstreifen überdachten Lagerräume verdecken.

Das Bücherlager befand sich in einem riesigen Hof mit wild wuchernden Gräsern, die in den vorangegangenen Jahreszeiten bis zu den Ästen emporgewachsen waren. Den Zaun entlang erinnerten üppige Chrysanthemensträucher mit halb verwesten, im Schnee liegenden Blüten daran, dass es immer noch Herbst war. Ein Hund von der Farbe des Schnees, ehedem weiß, jetzt jämmerlich vergilbt und verschmutzt, lief aufgeschreckt hin und her und bellte mich mit einer Wut an, die genau so groß war wie seine Angst.

Das Gebäude erstreckte sich lang und unwirklich. Eine solche Architektur hatte ich noch nie gesehen. Es gab nur ein Stockwerk, versehen an jedem Ende mit einem Holzbalkon, der dank des Geländers leicht zu erreichen war über eine Treppe mit knarrenden Stufen. Die Wände im Erdgeschoss hatten große Fenster, die zugenagelt waren mit feuchten, schwarzen Brettern. Da und dort tauchten asymmetrisch und scheinbar sinnlos riesige Türen aus rostigem Metall auf. Quer darüber verliefen dicke Eisenstangen, die mit großen, aus der Vorkriegszeit stammenden Schlössern gesichert waren. Irgendwo oben, fast unter dem Dach, befand sich ein Firmenschild aus blauem Blech, das auf das Bücherlager hinwies. Erst diese völlig banale Tafel mit ihren vertrauten Buchstaben und administrativen

Angaben offenbarte die gesamte Absurdität des länglichen Gebäudes, das alles zu sein schien, nur nicht der Sitz einer Institution.

Die mysteriöse Atmosphäre des Ortes war noch intensiver zu spüren, als ich um das Haus ging und nach einem menschlichen Wesen suchte. Während ich Zweige beiseite bog, die bis zu den Mauern hinübergewachsen waren und an ihnen emporkletterten, stieß ich im Schnee darunter auf verbeulte Emailtöpfe, halb aus dem Erdboden hervorlugende, mit Goldrand verzierte Teller, verrostete Eimer, leere Flaschen, mit Schlamm gefüllte Marmeladegläser – auf ein gesamtes Arsenal, das auf einen Haushalt in der Nähe schließen ließ, eine Wohnung, eine Familie.

Nein, Familie gab es hier keine. Als ich unter der Holztreppe, die zu dem sonderbaren Balkon darüber führte, zur Hausecke gelangte, stand ich unverhofft vor einer Tür, deren Fensterscheibe gesprenkelt war vom Fliegendreck vieler verflossener Sommer. Innen war ein Vorhang angebracht mit gehäkeltem Schmetterlingsmuster und Spuren von Fettflecken. Durch den Vorhang konnte man einen langen schmalen Flur erspähen, an dessen Ende ich eine Herdplatte ausmachte und Dampf, der über einem Topf mit kochender Wäsche schwebte. Ich klopfte an, laut genug, um auch im Nebenraum, den ich auf der linken Seite vermutete, vernommen zu werden. Nichts rührte sich, das einzig Lebendige schien das kochende Wasser, das beim Blubbern zwischen den Wäschestücken fast menschliche Laute ausstieß. Ich drückte auf die Klinke und kaum, dass ich sie berührte, ging die Tür weit auf, schlug gegen die Wand und ein ausgeprägter Geruch von Lauge drängte nach draußen, eine Dampfwolke, die bald kondensierte.

Ich trat ein und klopfte an die nächste Tür. Da niemand antwortete, drückte ich auf die nächste Klinke ohne Hoffnung, überhaupt noch jemanden anzutreffen, jedoch fest entschlossen, alle Möglichkeiten zu erkunden. Nachdem sich die Tür ebenso leicht geöffnet hatte, stieß sie mit einem lauten Quietschen in den Angeln an ein Möbelstück, das sich vermutlich dahinter befand. Die Öffnung war groß genug, um einen Blick hineinzuwerfen in den engen und niedrigen Raum, wo in einem magischen Durcheinander allerlei Dinge aufgetürmt waren und drohten, jeden Moment umzukippen. Es waren alte, gebrauchte Sachen, die nach Armut rochen und nach Mief von Räumen, die jahrzehntelang nicht gelüftet worden waren: ein Bett mit zerwühlten, schmutzigen Laken, auf denen eine unvorstellbar magere Katze ihren Rücken krümmte und mich mit bösem Blick anstarrte; ein Tisch, bedeckt mit einem zerschlissenen Spitzentuch, auf dem sich hunderte von Sachen den Platz streitig machten: eine Blumenvase (ein Souvenir aus Călimănești) mit verstaubten und verblassten Strohblumen, ein Topf mit rätselhaften Speiseresten, ein Stück trockenes Brot, eine Zigarettenschachtel „Plugar", eine Holzspule mit schwarzem Zwirn, in der senkrecht eine Nadel steckte, durch deren Öhr ein weißer Wollfaden gezogen war, ein Hornkamm, eine Kleiderbürste, eine Zeitung; hinter der Tür stand ein für die Stube viel zu großer Sessel, der mehr als ein Viertel des Raumes einnahm, mit einem Bezug von unbestimmbarer Farbe, durchgesessen bis zu den Federn, die hier und dort zum Vorschein kamen. Darauf lag ein wirrer Haufen zerknüllter Kleidungsstücke und abgenutzter Decken. Gleich daneben füllte den Rest der Wand ein Schrank aus mit drei ovalen Spiegeln in den Türen, die sich nicht mehr schließen ließen. Weit hinten, in der Ecke der Stube, mit dem Rücken zum Fenster, das verschmiert war von Schmutz, Regen und Ruß der letzten Jahre, erhob sich vom Stuhl eine alte Frau; sie trug ein verwaschenes Kleid, unter dem die Hosenbeine eines Schlafanzugs hervorlugten, zusammengeschnürt an den Knöcheln. Die Füße steckten in schweren Männerschuhen, um die Taille war eine Schnur geschwungen, die auf dem flachen Leib der Greisin eine alterslose Felljacke zusammenhielt, aus deren Mottenlöcher die Wolle hervorquoll. Unter dem Kopftuch drängten sich einige weiße Haarsträhnen hervor. Darüber hatte sie eine Art Mütze gestülpt aus vermutlich kostbarem Fell, von dem jetzt nicht mehr viel übriggeblieben war. Beschäftigt mit Wäschewaschen, stand sie tief gebeugt über einen runden Trog, wie ich noch keinen gesehen hatte. Angefertigt aus unzähligen Dauben, zusammengehalten von einem Stahlband, hatte der Zuber die Form eines quer durchsägten Bottichs. Die Bretter jedoch waren so delikat ineinandergefügt, so weißgewaschen von der Lauge, die bereits über sie gespült wurde, dass die Bütte einem sorgfältig gefertigten Kunstwerk ähnlich sah, fast unwirklich in dieser Umgebung, zugleich aber eine Abrundung des Ganzen.

„Guten Tag", sagte ich lauter als nötig, fest überzeugt, dass ich ohnedies nicht gehört werde.

„Ich suche das Bücherlager."

„Das Bücherlager ist hier."

Die Stimme klang gedämpft, so, als spräche sie zu sich selbst. Es war die Sprechweise einer alten Frau, aber mit gutem Gehör. Ihr Atem ging schwer, fast pfeifend. Und, als wolle sie meiner Verwunderung zuvorkommen, machte sie mit ihren nassen, faltigen, von Lauge aufgeschwemmten Fingern eine zweideutige Geste und zeigte in irgendeine Richtung, vor oder über sich.

Verwirrt blieb ich mit der Hand auf der Klinke stehen, ohne zu wissen, ob ich eintreten oder mich aufmachen sollte in jene schwer auszumachende Richtung, die das Weib angedeutet hatte. „Ich bin gekommen, einige Bücher abzuholen", sagte ich und es klang wie eine Entschuldigung. Danach wurde ich deutlicher:

„Ich suche den Verwalter."

Die Alte schien überhaupt nicht verwundert, sie nickte nur auf eine Art, die mich in ihre Perspektivlosigkeit mit einbezog.

„Setz dich", sagte sie zu mir, als fordere sie mich erst nach meiner Begrüßung dazu auf, und eben deshalb beunruhigend.

Ich entschloss mich dennoch, die Klinke, die sich unter meinem Griff erwärmt hatte, loszulassen und mich nach einem Stuhl umzusehen, auf den ich mich hätte setzen können. Es gab aber keinen, der nicht belegt gewesen wäre mit Kleidern, Zeitungen, Tassen mit Löffelchen, Waschschüsseln. So entschied ich mich für eine Ecke am Bettrand, wo die an die Wand gerutschten Laken eine alte Bauerndecke freilegten. Sie schien überraschend wertvoll in der allgemeinen Verwahrlosung ringsum trotz ihrer abgenutzten und verblichenen Farben. Ich setzte mich. Und wartete. Die Alte hatte mich noch keines Blickes gewürdigt, sie fuhr fort, die schwer definierbare Wäsche zu schrubben im Trog mit dem trüb-grauen, offenbar kalten Wasser. Während ich wartete, inspizierte ich die Wände. Sie hingen voll von reich verzierten Rahmen, großen, retuschierten Fotos, farbenprächtigen lithografierten Ikonen, von vielen kleinen, in einen einzigen Rahmen gefassten Bildern. Auch in den Ecken der großen steckten noch kleine Fotografien. Daneben hingen Gobelins, auf denen Körbe mit Obst dargestellt waren und Katzen, Porzellanteller, ganz einfach bemalt mit Blumen in grellen Farben. Unter all diesen gab es sogar eine schöne Holzikone, wo man hinter verblassten Farben und Konturen die vagen Umrisse eines byzantinischen Heiligen erkennen konnte. Die Ikone war von Vierecken gesäumt mit nicht identifizierbaren und gerade deshalb so faszinierenden Szenen. Hinter mir hingen, das Bett beherrschend, in zwei gleich großen und verzierten Rahmen einerseits das Bild eines Mannes in Militäruniform und Zylinderhut – aus der Zeit des Ersten Weltkriegs?! – mit kleinem Schnauzbart, typisch für einen Kaufmann oder Offizier. Obwohl noch jung, war der Mann von so eindrucksvoller Körperlichkeit, dass der Bilderrahmen sie gerade rechtzeitig einzugrenzen schien. Auch das Foto einer eher schönen Frau war daneben auszumachen. Sie strahlte Persönlichkeit aus, Selbstsicherheit, und blickte auf den Betrachter mit einer Art sinnlichem Trotz, der sie schöner erscheinen ließ, als sie tatsächlich war, und ihr eine Reife verlieh, die fast schon den Ausdruck von Intelligenz hatte. Hinter der über den Trog gebeugten Alten hing ein noch größeres Porträt der gleichen Frau, eingefasst von einem vergoldeten, reich verzierten Rahmen. Da sie dem Beobachter halb zugewandt ist, konnte dieser das fast verächtliche Profil mit Adlernase wahrnehmen, gemildert vom leicht verschleierten Blick, der von einer heimtückischen Krankheit herrühren konnte oder Ausdruck von heimlicher Sehnsucht war. Den aufrechten Oberkörper, ebenfalls im Profil, umschlang ein glänzendes Band wie bei Königinnen üblich. Diese unscheinbare Einzelheit in der Kleidung, vielleicht aber auch die spitze Nase und der geschwungene Mund, gab der gesamten Erscheinung eine beinahe königliche Würde.

„Ich glaube nicht, dass du den Verwalter antreffen wirst." Die Alte wandte mir nur für einen Augenblick ihr Profil mit der Adlernase zu, als ob sie geahnt hätte, dass ich ihre Fotos beäugte. Ihr Gesicht hatte den gleichen, leicht herausfordernden Ausdruck und seltsamerweise die gleiche von Klugheit geprägte Sinnlichkeit, die sie in ihrer Jugend vor Banalität geschützt hatte und sie jetzt, als Greisin, nicht in Bedeutungslosigkeit versinken ließ. „Ich glaube nicht, dass du den Verwalter antreffen wirst. Niemand ist ihm bisher begegnet", fügte sie so selbstverständlich hinzu (Geistesgestörtheit schloss ich auf unerklärliche Weise aus), dass ich mir sicher war – noch nicht entsetzt –, es handle sich um ein Mysterium.

„Das Einzige, was du tun kannst, ist, hier auf ihn zu warten. Er kommt ziemlich oft herunter."

Wie oft, das wagte ich nicht mehr zu fragen. Ansonsten blieb mir nichts anderes übrig, als zu warten. Durchs Fenster konnte ich sehen, dass der Wagen verschwunden war. Vielleicht nutzte der Fahrer meine Verspätung, um irgendwelche privaten Dinge zu erledigen, oder er war einfach nur aus Langeweile weggefahren. Im Grunde genommen fühlte ich mich ganz wohl in diesem Zimmer mit dem aus einer anderen Zeit angesammelten Krempel, mit der Alten, deren besinnliche Gleichgültigkeit mir allmählich auf die Nerven ging. Ihre Hände waren vom Wasser so aufgedunsen, vom Schrubben so weiß und geschwollen, dass es mir fast übel wurde, als hätte sich nur vom bloßen Hinsehen der Schmerz des in Verwesung übergegangenen Fleisches auf mich übertragen.

„Ich könnte Ihnen beim Waschen helfen, solange ich warte", sagte ich gegen meinen Willen. Keine Sekunde vorher war mir der

Gedanke durch den Kopf gegangen, ihr meine Dienste anzubieten. Danach bereute ich es auch sofort. Ich bekam keine Antwort, dafür fuhr die Alte fort, mit ihren knotigen, geschwollenen Fingern in der Lauge herumzufuchteln, gekränkt, wie es mir schien, so, als wolle sie den Fauxpas nicht bemerkt haben. Ich saß immer noch im Mantel am Bettrand und hielt meine kalten Hände in den fellgefütterten Handschuhen regungslos im Schoß und verspürte überhaupt keine Lust, die Finger aus den wolligen Röhren zu ziehen und sie zwischen die ineinander verwickelten Wäschestücke ins kalte, schmutzige Wasser zu tauchen, bestand jedoch mit wenig überzeugender, ja gehemmter Stimme auf unerklärliche Weise weiter darauf, ihr an die Hand zu gehen:

„Sie müssen es mir erlauben, Ihnen zu helfen, ich bin viel jünger als Sie und außerdem sitze ich hier nur herum, ohne etwas zu tun. Wer weiß, wann der Verwalter kommt", hörte ich mich sagen und wunderte mich über die Leichtigkeit, mit der ich die unbestimmte Wartezeit akzeptierte.

„Ja, es könnte sein, dass der Verwalter sich verspätet."

Endlich hat die Alte beschlossen, mit dem Waschen aufzuhören, trocknete ihre Hände am Zipfel des Schlafanzugs ab, der unter ihrer Felljacke hervorlugte, und setzte sich neben dem eiskalten Ofen auf den äußersten Rand eines Stuhls.

„Rauchst du?", fragte sie mich und hielt mir die Packung „Plugar"-Zigaretten hin, während sie sich mit erlesenen, fast vornehmen Gesten, die bei ihren malträtierten Händen widersinnig wirkten, eine Zigarette anzündete. Sie zog den Rauch tief ein und stieß ihn, als ich gar nicht mehr damit gerechnet hatte, nach einer langen Pause wollüstig aus, in zwei dünnen Streifen, die in der kalten Luft der Stube noch lange verharrten.

„Sie schmecken sehr gut", versicherte sie mir, „sind leicht, vegetarisch".

Das letzte Wort klang fehl am Platz und unerwartet im Kontext.

„Ja, der Verwalter könnte sich verspäten. Wie alt bist du?" Warum, hätte ich gern gewusst, als ob die Frage mit der Verspätung des Verwalters in irgendeinem Zusammenhang mit meinem Alter stehen könnte. Ich sagte es ihr.

„Oh, du wirkst aber viel, viel jünger. Ich hätte dich nicht älter als zwanzig geschätzt. Du wirkst viel jünger", dabei sah sie mich seltsam an, mit durchdringender Aufmerksamkeit, die in eine Art fröhlichen Mitleids überging.

„In deinem Alter spielt die Verspätung des Verwalters überhaupt keine Rolle."

Jetzt wusste ich, dass es nicht nur ein Eindruck war. Offenbar sah die Alte tatsächlich einen Zusammenhang zwischen meinem Alter und der Verspätung des Verwalters, als ob es nicht um Stunden oder Minuten ginge, sondern um einen viel größeren Zeitraum, der meiner Lebenszeit hinzugefügt werden, diese bestimmen sollte. „Allzu lange werde ich nicht warten können", sagte ich, um Klarheit zu schaffen.

„Übrigens habe ich nur ein Bücherpaket abzuholen, das unserer Bibliothek mit einer Sondergenehmigung zugeteilt wurde. Man hat mir gesagt, die Bücher liegen fertig verpackt zum Abholen bereit, ich muss nur für den Empfang unterschreiben. Ich verstehe nicht, was da für ein Zusammenhang sein sollte zwischen …"

In diesem Augenblick waren genau über unseren Köpfen auffallend deutlich zwei oder drei Schritte zu hören, so, als ob sie gerade deshalb getan wurden, um vernommen zu werden, und eine Stimme, die feierlich einige Worte sprach. Ja, und obwohl diese sehr deutlich ausgesprochen wurden, konnte ich sie nicht verstehen, vielleicht, weil ich überrascht war, vielleicht aber auch wegen des beschwörenden, rituell klingenden Tonfalls. Die Worte gingen an meinen Ohren vorbei, ohne dass sich mir ihr Sinn erschloss. Nur ein Rollen von leicht gesungen klingenden Ooohs blieb zurück. Ich sah die Alte an. Sie lächelte beruhigend.

„Es ist der Verwalter. Seit seine Frau gestorben ist, redet er oft mit sich selbst. Er fühlt sich nicht wohl allein, der Arme. Deshalb ist er auch hier eingezogen, da, genau über uns, wo sich die Abteilung für Empfangsreden befindet."

„Gut, dann ist es doch kein Problem, da hinauf zu gehen. Sie müssen mir nur den Weg zeigen, ich treffe den Verwalter, nehme meine Bücher und geh."

„Niemandem ist es bisher gelungen, den Verwalter anzutreffen. Du wirst dich verirren und nicht mehr aus dem Labyrinth herausfinden, zwischen den Büchern vor Hunger und Kälte sterben. Ich kann dir nicht helfen, ich bin alt, seit langem schon Rentnerin, meine Beine machen nicht mehr mit, und darüber hinaus habe ich ganz viel Wäsche zu waschen", fiel ihr wie plötzlich ein und sie wandte sich hastig dem Trog zu, indem sie mir den Rücken zukehrte. Im selben Moment war ein gedehntes metallisches Knarren zu hören, ich sah, wie sich die Tür des Kachelofens wie von allein öffnete, und nach einer endlos langen Sekunde des Wartens wand sich die inzwischen verschwundene Katze heraus – was mir erst jetzt auffiel –, verwahrlost, jedoch würdevoll, mit dem gleichen bösen Blick.

Erschrocken fuhr ich zusammen, äußerstes Unbehagen ergriff mich, Entsetzen vielleicht, Abscheu, hervorgerufen nicht so sehr von diesem heruntergekommenen, bösen Tier, sondern von der gesamten Atmosphäre, deren Verkörperung es zu sein schien. Beim Anblick der Katze wurde mir übel. Darum blickte ich weg, Richtung Fenster. Und erstarrte. Durch die schmutzige Fensterscheibe war ein herrlicher Obstgarten zu sehen mit Quittenbäumen, auf denen die goldgelben, unvollkommen ovalen Kugeln in der Sonne flackerten. Es war natürlich Herbst, jedoch ein leuchtender, warmer Herbst, den es in Wirklichkeit so gar nicht mehr gab, wie es auch den Obstgarten nicht geben konnte. In welche verführerische, geheimnisvolle, vielleicht auch bedrohliche Welt führte das schmutzige Fenster der Alten? Ich war ja schon einmal um das bizarre Gebäude des Bücherlagers herumgegangen und wusste, dass es dort nur die in Verfall und Verwesung befindliche, halberfrorene Anlage gab im zu Ende gehenden Herbst. Woher tauchte nun der leuchtend gelbe Obstgarten auf mit seinen langen Reihen von Quittenbäumen, die so beladen waren, dass die Äste zu brechen schienen unter dem Gewicht der Früchte und sich tief, fast bis zur Erde neigten mit einer Geste von Demut und Fülle? Die Erde war ebenfalls gelb, bedeckt von verdorrtem Gras und dunklen, lederartigen Blättern mit glitzerndem Flaum. Der gesamte Garten strahlte etwas Einladendes, Beruhigendes aus, ja fast Beglückendes, so dass ich, angetrieben von einem heftigen Verlangen, das Fenster öffnen wollte, ohne die Alte um Erlaubnis zu bitten. Fieberhaft suchte ich nach dem Riegel, von dessen Existenz ich meinte abzuhängen, jedoch das Fenster hatte gar keinen Riegel und es gab auch keine andere Möglichkeit, es zu öffnen. Es bestand bloß aus einer Glasscheibe im Holzrahmen, der festgemauert war in der Wand. Jenseits davon schien der Obstgarten nicht nur unfassbar, sondern auch höhnisch trotz seiner verbotenen, vermutlich auch nicht existierenden Wärme, trotz seiner leuchtenden und eventuell giftigen Früchte.

Das alles war viel zu viel für mich. Ich hatte mich verführen lassen von der Atmosphäre des Raumes, von der zerlumpten Alten mit dem königlichen Profil, von ihren befremdlichen Geschichten; dabei hätte ich einfach nur einige Treppenstufen hochsteigen müssen, um in diese banale Institution zu gelangen, einen banalen Schein vorzulegen und so meinen Auftrag auf die einfachste Art und Weise zu erfüllen. Ich erhob mich und verließ das Zimmer. Dabei hatte sich die Greisin nicht einmal andeutungsweise nach mir umgedreht. Nur das Miauen der Katze begleitete mich, höhnisch und doch – woher kam der abstruse Eindruck? – voller Mitleid. Draußen war es weniger kalt, als ich es erwartet hatte, und die Luft war sauber, ihr Einatmen ein Genuss. Noch einmal ging ich um das Gebäude herum und konnte selbstverständlich keinen Garten entdecken.

Dann blickte ich hoch und sah durchs offene Fenster – merkwürdig, es ließ sich anscheinend doch öffnen –, die Alte und die

Katze, in der gleichen Haltung, in der ich sie verlassen hatte, als wären sie nach meinem Fortgang erstarrt. Ihr Schicksal interessierte mich aber nicht mehr. Ich war wütend auf mich wegen der vergeudeten Zeit und begann einfach, die knarrende Holztreppe zum morschen Balkon hochzusteigen. Während ich nach oben ging, blickte ich auf die Uhr und merkte, dass mehr als drei Stunden vergangen waren, seitdem ich mir wie benebelt die widerlichen Fatalitäten der Alten angehört hatte in diesem zwielichtigen Raum. Eine solche Verdummung ließ sich schwer rechtfertigen. Weil niemand eine Rechtfertigung von mir verlangte, war ich über mich wütend und hatte es plötzlich eilig, die belanglose und unzulässig lang hingezogene Episode hinter mich zu bringen. Vorläufig stieg ich, und dies schon seit einigen Minuten, die Treppe hoch, die, von unten betrachtet, viel niedriger ausgesehen hatte. Ich hoffte, sie problemlos zu bewältigen, selbst wenn sie höchst ärgerlich und beunruhigend höher war, als ich ursprünglich angenommen hatte. Denn zu den paar Stufen, die vor mir lagen, kamen immer weitere hinzu. Freilich erschrak ich darüber nicht, konnte aber nicht leugnen, dass es mich schon verwunderte. Und als es mir schließlich gelang, den Fuß auf die winzige Plattform vor der Tür zu setzen und triumphierend hinunterzuschauen, lag der Garten weit weg wie am Ende eines umgekehrten Fernrohrs. Einzelheiten ließen sich kaum ausmachen und blieben unklar. Ja, nicht umsonst war ich atemlos, das war jedoch normal; unerklärlich blieb die Tatsache, dass ich von unten die Treppe zehn bis zwanzig Stufen hoch eingeschätzt hatte. Es handelte sich dabei sicherlich um eine optische Täuschung oder es lag an meiner wohlbekannten Zerstreutheit, vielleicht auch daran, dass ich aus Nervosität alles nur oberflächlich betrachtet habe und einen falschen Eindruck erhielt. Das war jedoch kein Grund stehenzubleiben und die Zeit zu vertrödeln, obwohl mir erst jetzt bewusst wurde, dass zu einer solch hohen Treppe ein hohes Gebäude gehöre, der bizarre Bau aber eher niedrig wirkte. Zum Glück war die Tür, wie ich richtig annahm, nicht verschlossen. Ohne zu zögern, stieß ich sie auf und trat ein.

Im selben Augenblick blieb ich an der Schwelle stehen und hielt mich an den Türflügeln fest. Denn genau in dem Moment, in dem ich über die Schwelle schritt, kam von dem durch die Jahre schwarz und morsch gewordene Brettergerüst hinter mir ein fürchterliches Krachen her, das sich zugleich wie ein langgezogenes, erlösendes Stöhnen anhörte. Das Tragwerk stürzte darauf einfach in sich zusammen, als erfülle es auf magische Weise ein vorbestimmtes Schicksal. Nach einigen langen Sekunden war ein Geräusch wie ein Aufprall auf der Erde mit fast überschwänglichem, dumpfem Aufschlag weithin vernehmbar. Es folgte eine Stille, die tiefer war als davor. Nun schwebte ich am Rande einer Kluft, deren Höhe ich unmöglich einschätzen konnte. So blieb mir nichts anderes übrig, als mich langsam ins Innere zu bewegen. Dabei vermied ich es, nach unten zu sehen. Sorgfältig, ohne jegliche Hoffnung, zog ich hinter mir die Tür zu.

Noch musste ich mich nicht entscheiden. Ich stand am Ende eines schmalen Ganges, dessen Wände voll mit Büchern waren. Oder war es einfach nur ein enger Korridor zwischen zwei bis zur Decke gefüllten Bücherregalen? Das Einzige, was ich tun konnte, war, den langen, schmalen Flur so lange entlangzulaufen, bis ich auf etwas oder auf jemanden stoße – einen Raum, einen Menschen oder auf ein anderes Vestibül. Zunächst bewegte ich mich ziemlich schwer nach vorne, ich hielt mich fest an hervorstehenden Büchern, an Bolzen, die nicht ganz in die Wand eingeschlagen waren. Trotzdem kam ich einigermaßen schnell voran, ich beeilte mich, das angehende Abenteuer zu beenden, ohne dessen Ausgang zu erahnen. Ich glaube, ich beeilte mich wegen der sirrenden Angst, die mich langsam überfiel, nicht, weil ich mich in vollkommener Abgeschiedenheit befand, sondern wegen der Dunkelheit, die, je mehr ich mich entfernte, immer dichter wurde, jedoch nie völlig undurchsichtig. Da und dort verirrte sich ein dünner, staubiger Sonnenstrahl, der einfiel zwischen zwei Büchern, die nicht fest genug aneinander gepresst waren, zwischen zwei undichten Dachziegeln oder zwischen den Bretterritzen des Fußbodens. Das ermöglichte mir, den Weg fortzusetzen und noch tiefer vorzustoßen in ein Mysterium, dessen Kern ich womöglich ansteuerte. Nichts geschah, obwohl ich schon seit einer halben Stunde lief. Nicht einmal die Namen der Autoren und Titel auf den Buchrücken war ich imstande zu lesen. Im nebligen Halbdunkel, verursacht vom Staub, der beharrlich durch die Luft flimmerte, konnte ich nichts erkennen, nur ab und zu den schwachen Reflex vergoldeter Einzelbuchstaben. Wenn ich die kleinste Lichtquelle zum Lesen gehabt hätte, wäre mir die Umgebung nicht unangenehm gewesen. Im Gegenteil. Trotz all des Durcheinanders und des Staubs durchflutete mich etwas Wohliges, eine warme und freundliche Vertrautheit, vielleicht die Ahnung eines Geruchs, der aus einer anderen, altbekannten Zeit zu mir herüber wehte. Ja, ich glaube, es war der Geruch von getrocknetem Leim zwischen den Deckeln alter Bücher, wo der Staub tief eingedrungen ist in das vergilbte Papier, das beim Berühren zerbröselt. Und der Geruch erinnerte mich an ferne Tage, so ferne, dass die Erinnerungen Zeit hatten, sich abzulagern, um jetzt, in der Gegenwart, wieder hochzukommen als irrealer, erfreulicher Traum. Es war der Duft meiner Kindheit, der Geruch unseres Dachbodens zu Hause. Zu diesem stieg man von der Speisekammer aus hoch auf den dünnen Sprossen einer schmalen Leiter, die gesichert war mit Kartoffelsäcken, mit im Sand begrabenen Säcken voller Möhren.

Am oberen Ende war die Leiter angelehnt am Rahmen eines quadratförmigen Holzdeckels, den man zur Seite schieben musste wie den Verschluss einer Schachtel, um sich mit einem riesigen, damals für mich riskanten Schritt hinaufzuschwingen. Schon beim Betreten füllten sich meine Nasenflügel mit diesem Geruch. Es roch nach Büchern, die von aller Welt vergessen lange Zeit in muffigen Räumen gelagert waren, nach Glut der Sonne, die zwischen den Dachziegeln verankert blieb, nach gut versteckten Geheimnissen, die nur darauf warteten, mit Wollust gelüftet zu werden. Ja, genau das war es, es roch wie hier nach alten Büchern, auch wenn es in erster Reihe nicht die Bücher waren, die es damals zu entdecken galt. Gleich oben, über dem Eingang, waren Leisten angebracht, von denen Stücke geräucherten Specks herabhingen, runde Schinken, entbeinte Knochen, aufgereiht zum Trocknen. Auf langen, parallel zu den Leisten befestigten Drähten hingen der Jahreszeit entsprechend, nicht besonders stabil, viele Bündel vom Rebstock zusammen mit großen, gelben Blättern abgetrennter Weintrauben, deren kurze, senkrechte Stiele in Wachs getaucht waren. Seltsam – erst da wurde es mir bewusst –, all diese Köstlichkeiten mit den vielfältigen Düften hatten in meinem Geruchsgedächtnis keine Spuren hinterlassen. Das Einzige, woran ich mich erinnerte, war der ausgeprägte, alles beherrschende Geruch der Bücher. Um sie zu entdecken, musste ich ein gutes Stück hinein in den Dachboden gehen, mit meinem Körper die Sonnenstrahlen durchqueren, die einfielen durch die Glasscheiben, mit denen man hier und dort beschädigte Ziegel ersetzt hatte. Fast gegenständlich fühlte das Licht sich an in dieser von Staub durchtränkten Luft. Hier lagen sie dann, die Bücher. Es gab keine Regale. Sie waren aufgetürmt in langen, übereinander liegenden Reihen, die sich gegenseitig stützten. Wenn man aus der untersten Schicht ein Buch herausgezogen hätte, wäre der ganze Stapel eingestürzt.

Ich glaube, ich war vier oder fünf Jahre alt, als ich Zeugin beim Zustandekommen dieser Bücherstapel wurde. Mit großer Anstrengung transportierte mein Vater die Bände in einem Wäschekorb der Reihe nach in die Speisekammer bis zum Fuße der Treppe. Danach stieg er hoch, ließ behutsam ein dickes Seil herunter, an dessen Ende ein kleiner Einkaufskorb meiner Mutter festgebunden war. Mein Platz war unten, neben dem großen Korb. Auf ein Zeichen meines Vaters belud ich voller Eifer diesen komischen Fahrstuhl, den er dann vorsichtig nach oben zog, ihn entlud und wieder zu mir herunterließ. Ich erinnerte mich, wie wichtig ich mich gefühlt hatte und wie glücklich ich danach auf den Dachboden gestiegen bin. Nachdem alle Bücher oben waren, blieb uns nur noch, sie zu ordnen. Als alles fertig war, stellten wir überall Mäusefallen auf, was mir sehr übertrieben schien – ich hegte immer große Sympathie für die grauen Tiere mit ihren kleinen schwarzen Augen, in die das Licht zwei glänzende Tropfen versenkt hat, und deren Fell sich, wie ich mir ausmalte, beim Streicheln sehr angenehm anfühlen muss –, mein Vater jedoch war zu ernst und zu schweigsam, als dass ich den Mut gehabt hätte, das zu verhindern. Mir blieb nichts anderes übrig, als zu hoffen, dass es keine Opfer geben werde (Mäuse hatte ich bis dahin nur in Bilderbüchern gesehen) und dass diese mörderischen Maschinerien gutgesinnt und überflüssig blieben. So war es dann auch, ich erinnere mich nicht, nur eine einzige Maus in all den folgenden Jahren gesehen zu haben, in all den hunderten von Stunden, die ich auf dem Dachboden verbracht habe. Irgendwann, ich weiß den genauen Zeitpunkt nicht mehr, wurden die Mausefallen ihrer unnützen Funktion entledigt und unter einem Gebälk gestapelt.

Wie viel Zeit war verstrichen, seit ich den Flur entlanggelaufen bin zwischen all den unbekannten Büchern mit dem Geruch meiner Kindheit? Ich wurde müde und musste mich setzen – das tat ich neben einem größeren Spalt, von wo aus man den Himmel sehen konnte, klar und blau, als wäre es Sommer –, und sah ein, wie sinnlos der Weg war, den ich zurückgelegt hatte. Über dem Zimmer der Alten hatte ich deutlich die Schritte des Verwalters vernommen, daran bestand kein Zweifel, und hochgestiegen war ich genau neben ihrer Tür. Je mehr ich mich vom ursprünglichen Ausgangspunkt entfernte, an dem ich nach dem Hochsteigen der Treppe angelangt war, umso kleiner wurde logischerweise die Chance, auf die mysteriöse Figur zu stoßen. Es blieb mir somit nichts anderes übrig, als umzukehren, auch wenn mich die Aussicht, den gesamten Büchertunnel nochmals zu durcheilen, nicht besonders begeisterte. Andererseits erwarteten mich beim Weitergehen ebenfalls keine besonders angenehmen Überraschungen. Somit kehrte ich um, ohne zu wissen, ob diese Rückkehr mir irgendwie von Nutzen sein könnte, abgesehen von der Tatsache, dass ich gewiss wieder zu der Tür gelangen würde, durch die ich eingetreten war vor gut einer Stunde – oder vielleicht schon früher, mir ist das Gefühl für die so relative Zeit allmählich abhanden gekommen –, und wo sich jenseits der Tür nur Leere ausbreitete. Ich hätte während des Gehens natürlich die Zeit nutzen können, um mich zu fragen, wenngleich vergebens, woher das Licht kommt, diese dünnen Streifen, die durch die Bodenritzen eindrangen; es gab keine künstliche Beleuchtung und auch keine, die von einem Innenbereich gedämpft wurde, sie war grell, explosiv und kam direkt von draußen, so als hinge der Flur am Himmel in der Luft und wäre nicht erbaut worden über dem hässlichen und dunklen Zimmer der Alten.

Welchen Sinn hatte noch Logik in einer Kette absurder Ereignisse? Ich bereute aus ganzem Herzen, dass ich mich auf dieses Abenteuer eingelassen hatte. Um diese Zeit hätte ich in der Bibliothek sitzen können, an meinem Schreibtisch neben dem Ofen, eingeengt mit vier Kolleginnen in einem Raum, in dem die Bürolampen den ganzen Tag brannten und wo zuweilen über ausgeklügelte, sparsame Kochrezepte gesprochen wurde und über die Nachhilfestunden-Kosten der Kinder für die Aufnahmeprüfung an einer Hochschule.

Die Aussicht auf Rückkehr in mein gewohntes Leben machte seltsamerweise den Schrecken vor der irrealen und vielleicht auch gefährlichen Lage, in der ich mich gegenwärtig befand, nicht größer, sondern hüllte mich ein in eine behagliche Gleichgültigkeit. Allmählich erblickte ich vor mir die beleuchteten Umrisse der Tür, die nicht so richtig in die Angeln passte, ihre Risse, durch die der Himmel sich zeigte, und im selben Augenblick fragte ich mich, ob das Licht, das zwischen den Bücherlücken einfiel, dieses Licht, das von hinten durchdrang, um blitzartig aufzulodern, das gleiche war, das von draußen kam, und wenn ja, was habe ich hier zu suchen, an diesem länglichen, rundherum von Himmel umgebenen Ort.

Kurios war, dass jenes Licht, das durch die Lücke zwischen den Büchern fiel, gelblicher, weicher war als das in der Türgegend. Nicht nur, dass es von woanders herkam, sondern dass es auch aus etwas anderem bestand. Mein Gott! Als ich nicht mehr wusste, was ich tun sollte, um mich aus dieser paradoxen Situation zu befreien, kam mir die total einfache Idee, einige Bücher beiseite zu schieben, um zu sehen, was sich dahinter befand.

Wie viel Bücher schob ich eigentlich zur Seite? War es eins? Waren es mehrere? Und insbesondere, gab es eine Verbindung zu dem, was sie hinter sich verbargen? Ich hätte sie gerne gelesen, ihre Titel mindestens, um mir ein Bild zu machen von der Umgebung, in die ich geraten war. Plötzlich landete ich in einem Obstgarten mit Quittenbäumen. Wie war ich eigentlich dahin gekommen? War ich durch die Lücke der umgelegten Bücher durchgeschlüpft? Daran konnte ich mich nicht erinnern und es wäre auch nicht möglich gewesen, da ich die Hinterwand der Bibliothek bei all den Büchern gar nicht hatte sehen können. Welche Besessenheit, das Normale zu suchen in einer sich stets verändernden Welt, die dauernd ihre vorherige Zusammenfügung vergisst! Ich befand mich in einem Obstgarten, in einem Garten mit Quittenbäumen, den ich kannte, in dem ich schon einmal gewesen war, von dem mir erzählt wurde oder über den ich einst gelesen hatte.

Es war natürlich der Obstgarten, den ich kurz durch das schmutzige Fenster der Alten erblickt hatte, gleichzeitig war es jedoch der Garten, der mir noch von woanders her vertraut war, er schien viel tiefer verbunden mit meinem vorherigen Leben, als es sein überraschender Anblick durch das schmutzige Fenster vermuten ließ. Diese frühere Beziehung erklärt auch die heftige Regung, die mich damals im Zimmer der Alten ergriffen hatte. Jedoch, welche Bedeutung konnte das haben? Ich befand mich in einem Obstgarten, der flächenmäßig nicht besonders groß, auf jeden Fall aber länglich war – woher dieser Eindruck stammte, könnte ich nicht erklären, denn nirgendwo sah ich einen Zaun –, ein langer, schmaler Landstreifen, der sich hinaufzog bis zu einem sanften Hügel, einer kaum erkennbaren Erhebung, allerdings in relativ großer Höhe, da man vom Gipfel aus – dort, wo der Obstgarten überging in einen spitzen Winkel, markiert von einem fast herbstlich welken Maulbeerbaum – ein weites, hügliges Gebiet sehen konnte, mit Bäumen, ungleichmäßig verstreut, in nuanciert rotgetöntem Gelb, passend zur Jahreszeit. Es war Herbst, daran gab es keinen Zweifel, ein goldener Herbst, mit der Farbe von Akazienhonig und so leuchtend gelben Blättern, dass sie den Eindruck erweckten, es seien strahlende Lichtquellen, vor denen ich instinktiv meine Augen mit einer vielleicht übertriebenen Geste zu schützen versuchte. Und damit meine ich nicht die Blätter der Quittenbäume, die unerklärlich hartnäckig bis in den Winter hinein ihr dunkles, mit silbrigem Flaum bedecktes Grün bewahren. Das Laub der Quittenbäume war so, wie ich es immer schon in Erinnerung hatte, seit meiner nach Quitten duftenden Kindheit, mit Früchten, aufgereiht am Rand der Zimmerschränke, hinter denen Konfitürengläser standen, deren geschnürtes Einmachcellophan an steif abstehende Tüllröcke erinnerte.

Die Quittenblätter waren immer noch tiefgrün, ledern, unberührt von der Zeit, und bildeten einen abgeklärten Kontrast zu den Früchten, die sie lässig umhüllten, diesen goldgelben, unvollkommen ovalen Kugeln, so groß wie der Kopf eines Neugeborenen. Wie durch ein Wunder hingen sie an dünnen, sich bis zur Erde neigenden Zweigen, verbunden mit diesen durch kurze, fast unsichtbare Stiele. Die Erde war bedeckt mit rötlichem, beinahe schon trockenem Gras, das sich um die Mittagszeit in zartes, duftendes Heu verwandelte. Der Boden sah aus wie ein großer, gleichmäßig ausgebreiteter, aus tausenden von dünnen, bunten Fäden gewebter Teppich, auf dem das heruntergefallene Obst sich anders ausnahm als auf den Bäumen, weniger leuchtend, dafür aber reifer als auf den Ästen im Schatten des Laubs, animalischer. Wirkliche Tiere gab es jedoch nicht, die Zeit der Insekten aller Art war vorbei, die Schmetterlinge waren schon lange verschwunden, die Vögel weggezogen.

Es war jene schwebende, scheinbar endlos andauernde Jahreszeit, in der das Licht und die Wärme unglaublich sanfte Nuancen ausstrahlen, in der es jeden Augenblick beginnen kann zu regnen, zu nieseln oder zu schneien – die fortgeschrittene Jahreszeit würde all diese Witterungserscheinungen reichlich zulassen –, und in der, wenn die Luft weiterhin warm und hell bleibt, den Himmel gelbliche Schattierungen umsäumen, die Kanten milder wirken, die Ecken weicher, das Licht sich wie Pollenstaub über die Dinge legt. All das löst in uns eine angespannte Erwartung aus, einen sanften Zauber in dieser zu allem fähigen Stille.

Mit kurzem, dumpfem Laut löste sich eine Quitte vom Zweig und fiel schwer, fast schon bedrohlich zu Boden. Im Fallen hat sie meine Schulter berührt und ich musste nun das Armgelenk bewegen, um den Schmerz zu lindern. Die verletzte Schulter duftet tröstlich nach Kindheit und Quitten. Ich beuge mich herab, um die Quitte aufzuheben. Auch sie hat sich beim Aufprall verletzt, an der geplatzten Stelle haftet Erde. Ich führe sie zur Nase und atme tief den Duft ein, als vollzöge ich ein Ritual. Woher kenne ich all diese Gesten? Wann habe ich sie schon einmal geübt? Wo habe ich über sie gelesen? Ich handle nicht instinktiv, ich fühle das, sondern wiederhole ein bereits existierendes Szenario, jede Geste habe ich oder jemand anderer schon einmal vollzogen. Wann? Und warum? Es ist mir egal. Während ich mich auf dem Rücken liegend wohlig im trockenen Gras ausstrecke, schließe ich die Augen, höre in mich hinein. Nur der intensiv aromatische Duft, das rhythmische Ein- und Ausatmen waren gegenwärtig. Irgendwo, weit weg von hier, gibt es einen engen Flur mit Büchern, die meine Nasenflügel mit dem Geruch des Dachbodens meiner Kindheit füllten; und noch weiter weg eine abscheuliche Stube voller Laugendunst, bewohnt von einer betagten Katze und einer hellseherischen Greisin; und etwas weiter weg ein Auto und dessen Fahrer, der nervös auf mich wartet in einem verdreckten, noch vor dem Krieg erbauten Stadtviertel; und, und … vor viel längerer Zeit der dunkle Raum, in dem auch tagsüber die Bürolampen brennen, und davor mein Zimmer mit dem komischen Geruch nach verbranntem Papier, und, und ... vor noch längerer Zeit ... Schicht um Schicht, immer irrealer, immer schwieriger, sich zu entsinnen, immer fremder. Für mich bekommen diese fernen Erinnerungen die Umrisse dieses vertrauten Obstgartens, der unbegreiflich und bezaubernd gegenwärtig ist im Zentrum meines Daseins. Wenn ich die Augen öffne, sehe ich über mir, erstarrt in unerklärlichem Gleichgewicht, die dünnen Äste mit den dunkelgrünen Blättern und den fast runden, in kräftigem Gelb leuchtenden Früchten. Alles ist eingefangen auf einer Fläche, auf der die gedämpften Schatten des silbernen Flaums den Eindruck eines alten Wandteppichs von unschätzbarem Wert erwecken.

Was hätte mich von diesem schwer zu beschreibenden Schweben abhalten können? Was hätte mich zu anderen Welten, die weniger schön und weniger irdisch sind, hinlenken können? Ausgestreckt im trockenen roten Gras, über mir das Quittengewölbe, das mich eingrub unter seinen Ästen, fühlte ich mich mit der Erde verbunden, aus der ich unwiderruflich hervorgegangen bin, aus dieser schwammigen Fäulnis, fähig solch klare Farben und Aromen auszufiltern. Die Wärme, die mein entspannter Körper aufgenommen hatte, ist die Wärme der Erde, und die Kälte, die aus der Tiefe in mir hochstieg, ist die Kälte derselben Erde. Und der Friede meiner Seele, die Ruhe all meiner Sinne ist tief in der Erde verankert und deshalb so nahe am Wundersamen. Ich spürte die kraftvollen und frischen Säfte der Erde durch mich fließen, vermutlich keimte schon mein Rücken wie Samen, die in feuchte Furchen gesät wurden. Ich konnte mir gut vorstellen, wie aus meinem Rücken unzählige zarte Fäden sprießen, die sich ihren Weg durch die Erdschollen bahnen, um die entzogene Nahrung an den Körper weiterzuleiten, damit er gedeiht und sich stärkt. Die Tatsache, dass diese Verschmelzung mit der Erde auch den Gedanken an den Tod mit einschließt – zugegeben etwas konfus –, erschreckte mich nicht und missfiel mir nicht einmal. Der Tod und das Leben sind in der Natur so eng miteinander verbunden, so reversibel, dass beide das gleiche Lustgefühl, die gleiche Versuchung auslösen.

Doch siehe, der Duft der Quitten durchmischt sich allmählich mit einem neuen Aroma, noch vertrauter, noch beschwörender. Irgendwo in der Nähe verbrannte jemand das trockene Herbstlaub, um die Scholle fürs nächste Jahr vorzubereiten. Der Rauch erhob sich in Form dünner Trichter, wuchs schnell nach oben wie eine Zauberpflanze und verflüchtigte sich jäh oberhalb großer Flächen und verbreitete einen leicht beißenden und nostalgischen Geruch von dürrem, verbranntem Laub, von trockenem, brennendem Reisig. Es fällt mir schwer zu sagen, was schön und behaglich war an diesem betörenden Geruch, so kühn wie eine Liebkosung, an diesem Geruch nach Verbranntem, nach Rauch, nach schnell verlöschender Glut. Und es war noch etwas, das er in sich trug, der Rauch, etwas viel schwieriger zu Benennendes, etwas Sinnliches vielleicht: eine diffuse, undeutlich umrissene Begierde wie jene in der Pubertät, die verbunden ist mit einem undefinierten Schmerz, universal und untröstlich, wie nur die Schmerzen der Kindheit sein können. Siehe, der Duft der Quitten beginnt sich allmählich, mit diesem schwer fassbaren und zweideutigen Wohlgeruch zu vermengen. Befördert von einem Pflanzenreich ins andere, aufgerüttelt an diesem Nachmittag aus der Ruhe seines saftlosen vegetarischen Daseins, bedrängte mich der Geruch wie ein unruhig gewordenes Tier und ich war bereit, dem beherrschenden und undurchdringlichen Ruf zu folgen. Woran gemahnte mich der Rauch in diesem Obstgarten? Aus der amorphen Masse versunkener Ereignisse kehrte umstrahlt von großer Helligkeit eine Erinnerung zurück, die nicht benannt werden kann, jedoch unerwartet und unerbittlich an die Oberfläche strebte. Fest verbunden mit diesem, meinem tiefsten Inneren war der Geruch von verbranntem Laub im Obstgarten …

Sonderbar, unerwartet taucht auf vor meinem inneren Auge eine Szene auf, die sich abspielte in jenem stets kalten Zimmer, das im Unterschied zu den anderen Räumen des Hauses eine ungewöhnlich hohe, nach oben gewölbte Decke hatte und dicke, dunkelgrau lackierte Holzläden. Vater schließt sie mit misstrauischer Vorsicht. Im imposanten Kachelofen, wo sonst nie Feuer gemacht wurde, sehe ich durch die weit geöffnete gusseiserne Tür lichterlohe Flammen mit fast hysterischer Fröhlichkeit flackern. Vor dem Ofen liegen einige Holzscheite, die darauf warten, auf die Glut gesetzt zu werden, daneben steht ein Korb mit aufgehäuften Büchern. Ich verstehe nicht, was das alles bedeuten soll, doch ich spüre, dass im Haus eine angespannte Atmosphäre herrscht, die Böses andeutet. Die Mutter wirft ab und zu durch die Tür des Nebenzimmers einen besorgten Blick, der über mich hinweg schweift, ohne mich wirklich wahrzunehmen. Sie forderte mich auf, mich in den Raum von nebenan zu begeben, und das in einem solch zerfahrenen Ton, wie ich ihn bei ihr gar nicht kannte, so zerstreut und ohne jede Entschiedenheit. Deshalb zögere ich, ihr Folge zu leisten.

„Lass sie", sagt der Vater. Sein Einwand, mir zu erlauben, weiter im kalten Zimmer, mit den so unpassend fröhlichen Flammen zu bleiben, bestätigte meine Vermutung, dass hier etwas Ungewöhnliches, vielleicht auch Unumkehrbares geschieht. Nur wusste ich nicht, was. Der Vater sitzt auf einem niedrigen Schemel vor dem Ofen untätig herum. Starr blickt er ins Feuer, das laut knistert, nur ab und zu schürt er die Glut mit einer langen am unteren Ende hakenförmig gebogenen Eisenstange. Den Nachmittag verbrachte er auf dem Dachboden. Er erlaubte mir nicht, ihm zu folgen.

„Es ist zu kalt dort", mahnte er, „nichts für Kinder". Sein entschiedener Ton, dem die übliche Sanftheit fehlte, bewirkte, dass ich mich beleidigt zurückzog.

Draußen war es eigentlich nicht kalt, es kündigte sich ein milder Herbst an, obwohl die Blätter schon abgefallen waren und die Zweige nackt und sauber zurückließen. Im Licht der Sonne erweckten sie den Eindruck verführerischer Ausgelassenheit. Im Hof stieg ich auf die große Linde, deren buschiger Laubwipfel im Sommer ein wahres Paradies ist, das ich nie müde wurde zu erkunden. Nun aber, ohne all die Blätterpracht, erwies sich der Baum beunruhigend fremd, so verletzlich und zart, obwohl er kräftiger war, als man es ahnen konnte.

In Wirklichkeit war ich nicht nur wegen des ungewohnten Tonfalls meines Vaters beleidigt, sondern auch wegen der Art, wie er die Leiter hinter sich hochzog und mir den Zugang zu einer Welt verwehrte, in die ich meiner Meinung nach das Recht hatte, mich zu begeben. Seitdem ich mitgeholfen hatte, die Bücher auf den Dachboden zu befördern, fühlte ich mich ihm auf sehr mysteriöse Weise solidarisch, es bestand eine Art Komplizenschaft in einer Sache – rätselhaft und unverständlich, aber klar genug, um darin ein Wunder zu sehen –, die ich jedoch vergeblich zu ergründen suchte. Mit unermüdlichem Trotz hüpfte ich den ganzen Nachmittag von einem Ast zum anderen, obwohl ich keine Lust hatte zu spielen. Dabei hielt ich die Tür der Speisekammer stets im Blick, um ja nicht den Zeitpunkt zu verpassen, an dem mein Vater vom Dachboden stieg.

Es war schon spät und fast dunkel, als er mit einem schweren Korb voller Bücher herunterkam. Ich sprang sofort an seine Seite, um ihm zu helfen, und er erlaubte mir, meine Arme mit fünf oder sechs Bänden zu beladen. Die Bücher waren größer als die anderen in der Bibliothek und im Korb so gestapelt, dass sie jeden Augenblick hätten bei der kleinsten Berührung umfallen können. Ich trug die Bände in die kalte Stube. Zu meiner Verwunderung begann er wortlos, das Feuer anzufachen.

Seit einer Stunde saß mein Vater nun schon vor dem offenen Feuer und starrte in die Flammen und in die Glut, gedankenverloren einen fernen Punkt fixierend oder einem Gedanken nachhängend, den ich nicht erraten konnte. Von seinem schwarzen, nicht besonders langen Bart zogen sich traurig zwei helle Streifen an beiden Mundwinkeln nach unten. Im Licht der Flammen hatte der Bart einen silbrigen Widerschein, den ich bisher noch nie so an ihm wahrgenommen hatte. Vom unentwegten Ins-Feuer-Starren haben sich die Ränder seiner Augen gerötet und mir schien, dass sie sich ab und zu mit Tränen füllten. Plötzlich rührte er sich, schaute mich fragend an, als wäre er aus tiefem Schlaf erwacht, griff mit brüsker Bewegung nach einem Buch und wollte es ins Feuer werfen. Im letzten Augenblick jedoch hielt er inne, öffnete es und begann darin zu blättern, desorientiert, verzweifelt, so, als wüsste er nicht, was er damit anfangen soll. Danach riss er die erste Seite heraus, die Titelseite, und warf sie ins Feuer. Das alte Papier kräuselte sich in den Flammen wie trockenes Laub. Atemlos begann er danach, die nächste Seite zu lesen. Als er damit fertig war, riss er sie heraus und warf sie ebenfalls ins Feuer. Danach las er so konzentriert weiter, als wollte er den zu entsorgenden Text auswendig lernen. Die herausgerissenen Seiten nährten stets aufs Neue das helle und verspielte Flammengezüngel. Nicht alle Seiten opferte er dem Feuer. Einige ließ er unberührt, beugte sich nochmals über sie, blätterte so beseelt weiter, als wäre er glücklich, sie verschonen zu dürfen. Aus manchen Büchern entfernte er nur fünf oder sechs Seiten und warf diese hastig in den Ofen. Siegesgewiss legte er danach die Bücher neben sich. Von anderen hingegen blieben nur einige Dutzend Seiten übrig, der Buchrücken war danach viel zu breit und sah armselig aus und verformt.

Aus ganzem Herzen wünschte ich mir zu verstehen, was meinen Vater veranlasste, seine Bücher, die er so sehr liebte, zu verbrennen, jene Bücher, die er auf den Dachboden geschleppt und sie vor Mäusen geschützt hatte. Ich traute mich aber nicht, ihn zu fragen, sein Gesicht drückte eine solche Verzweiflung aus, dass mir jede Einmischung wie ein Sakrileg vorgekommen wäre oder eine maßlose Frechheit. Dazu kommt, dass ich mir gar nicht so sicher war, ob ich ihn verstanden hätte. Zum ersten Mal im Leben – und dieses Gefühl sollte mich noch oft beherrschen – sah ich mich mit einem Phänomen konfrontiert, das ich zwar wahrnahm, das aber meine Vorstellungskraft bei weitem überstieg. Vater las inzwischen weiter und zerriss die Seiten, die sich dann im Feuer krümmen, als lebten sie und spürten die Schmerzen. Eine Tafel aus Pappe, auf der Michael der Tapfere auf einem Pferd abgebildet ist beim Einreiten in Alba Julia, stellte sich im Ofen auf, wurde nur zögerlich vom Feuer erfasst, blieb aufrecht stehen in einer Anspannung, die den Schimmel aufbäumen und den Zipfel der Mütze triumphierend aufleuchten ließ vor der letzten aufsässigen Wendung, dem kriegerischen Sprung in die Flammen. (Noch viele Jahre danach hat sich in meiner Vorstellung das Bild des Fürsten, reitend und von Flammen umzingelt, konfus und voll versteckter Symbole mit dem einer Glasikone überlappt, worauf der Heilige Georg sein Pferd auf einen aus der Hölle stürzenden Drachen hetzt.) Das Zimmer durchflutete ein Geruch von verbranntem Papier, es roch aber auch nach verbranntem Laub und verbrannten Wurzeln, nach Erde. Es war der Geruch von Herbst, durchaus nicht unangenehm, obwohl alles miteinschließend, was an Tod und Verwesung erinnerte, der dich jedoch in einem Anflug von Geheimniskrämerei und Komplizenschaft teilhaben ließ an diesem anstößigen Ritual, betörend und erotisch zugleich. (Ich behaupte nicht, dass das Kind von damals all diese Gedanken hatte und das Erlebte bewusst wahrnahm, jedoch waren sie Teil der beschriebenen Szenarien, die die Grundlage bildeten für meine zukünftige Entwicklung und mein Selbstverständnis, bereichert immer wieder durch neue und andere Sinneseindrücke wie ein Schneeball, der durch Wälzen von allein immer größer wird.)

Mein Gott! Nicht das ist es jedoch, was Vater fühlte, während er dasaß, unbeweglich, mit einem in sich zusammengesackten Körper und mit Tränen, die ihm unaufhaltsam über die Wangen liefen und die wie ein Rinnsal, das unter der Erde ausläuft, in seinem Bart verschwanden. Er riss Seiten aus Büchern und weinte, jedoch schien er sich dessen gar nicht bewusst zu sein, so sehr konzentrierte er sich auf seine Gesten, auf das hastige und nahezu verzweifelte Lesen, das die Seiten einteilte nach Kriterien, die absurd und schwer zu begreifen sind, Seiten, die verschont und solche die verbrannt werden müssen (die aber nicht für immer verlorengingen, weil er während des Lesens versuchte, sie auswendig zu lernen, sie in dieser trüben, mysteriösen Masse des Gedächtnisses aufzubewahren). Weder seiner vor Schmerzen unerträglich eingefrorenen Gesichtszüge war er sich während seiner konzentrierten und verzweifelten Handlungen bewusst, noch der unaufhörlich über die Wangen laufenden Tränen. Neben ihm wuchsen die exorzierten Bücher zu einem Haufen, der sich allmählich in einen kleinen ungeordneten Hügel verwandelte, während der Korb nach und nach leerer wurde. Nur auf dem Fußboden lagen noch einige Blätter, die mein Vater hochhob, betrachtete und danach ohne Bedauern in den Ofen warf, scheinbar erleichtert, dass er nun fertig war. In einer letzten überschwänglichen Geste leuchtete die Glut noch einmal auf, danach verglomm sie unter einer dünnen Schicht Asche, immateriell wie die Flügel eines Schmetterlings, unter den letzten Papierresten, die in der illusorischen und hehren Architektur des Todes reglos verharrten. Gealtert, wie ich ihn bisher noch nie gesehen hatte, erschlagen vor Müdigkeit, erhob sich danach mein Vater, sammelte den Haufen herumliegender Bücher ein und warf ihn in den Korb. Diesen hob er jetzt leicht, ohne sichtbare Anstrengung hoch und verließ das Zimmer. Ich wusste, dass er sie auf den Dachboden brachte, doch verspürte ich diesmal nicht den Wunsch, ihm zu folgen, auch bin ich nicht mehr beleidigt. Seine Augen, endlich trocken, streiften mich im Vorübergehen, blickten für einen kurzen Augenblick in meine und die Botschaft, die er mir zukommen ließ, obwohl ich sie nicht verstand, ist endgültig. Und in dem Moment, in dem mein Vater aus dem Zimmer ging, wusste ich, dass all die Gefühle der letzten Stunden mich wachsen, der Kindheit entwachsen ließen, vermutlich für immer. Und ich begann zu weinen, heftig, anhaltend, ohne zu wissen, warum. Es war wie ein endloser Aufschrei, der sich mit dem Geruch von verbranntem Papier vermengte in diesem weiterhin kalten Zimmer, unter den beiden törichten Bildern. Diese beleuchteten jäh die Vergangenheit, deren Schatten sich schmerzhaft, durchdrungen von absurder Unruhe, über die Gegenwart legten.

Das ist die Begebenheit, die mir einfiel dort im schwebenden Garten hinter dem Bücherlager beim Geruch von verbranntem Laub, begleitet von einem Gefühl stechenden Schmerzes. Wie absurd und ermüdend doch alles sein kann! Der Sinn jenes Geschehens, so unergründlich damals, wurde mir erst jetzt klar (auch wenn ich es ergänzt habe mit Gefühlen, die ich damals vermutlich so nicht hatte, die sich jedoch aus dem Zusammenhang heraus ganz natürlich ergaben). Ich erlebte ein irreales, unglaubliches Abenteuer, deren sich stets wiederholende unergründliche Verkettung von Ereignissen mit Sicherheit jetzt oder irgendwann, in einer unbestimmten Zukunft, für mich einmal einen Sinn ergeben wird.

Es begann allmählich kälter zu werden und nach dem Herumirren in den Tiefen der Erinnerung übermannte mich eine so große Müdigkeit, dass meine Beine immer schwerer wurden und unentschlossener. Trotzdem drang ich weiter vor in ein Nebenareal, wo die Bäume immer dichter beeinander standen. Es schien, als versteckten sie etwas hinter ihrem Rücken, das wie die Mauer eines Gebäudes aussah. Auf jeden Fall war kein Horizont in Sicht, keine Grenze, jenseits derer vielleicht, wer weiß, Rettung zu erwarten wäre.

Es war nur ein Zaun da. Ein hoher, kompakter Zaun. Dieser ließ mich nicht nur das Ende des Obstgartens erahnen, sondern auch das Ende des Abenteuers. Natürlich musste ich hinaus gelangen, jenseits des Zaunes, ohne vom Weg abzukommen, indem ich meinem Schicksal folgend weiterging, um alles zu erfahren über diese Welt, von der ich nicht wusste, ob es sie gibt und ich ihr tatsächlich angehöre. Der Zaun war aber zu hoch, um einfach so darüberzusteigen, zu hoch auch, um etwas dahinter zu erspähen. Er bestand aus dicken unbehandelten Brettern, mit dunklem, ins Braune übergehenden Teeranstrich. Die Bretter waren fest aneinander gefügt und höher als ich. Die einzig mögliche Lösung sah ich darin, auf einen Quittenbaum zu steigen und mich mit Hilfe eines Zweiges über das sonst unmöglich zu passierende Hindernis langsam herabzulassen. Und ich stieg auf den Baum mit einer Leichtigkeit, die ich mir nicht zugetraut, und mit einer solchen Freude, wie ich sie schon lange nicht mehr verspürt hatte, auf jeden Fall, konnte ich mich nicht daran erinnern.

Es reichte, mich auf den dicken Ast im Inneren des Baumes zu schwingen, es reichte, durch den dichten Blätterwald die spitzen Sonnenstrahlen zu erspähen, um mich in meine Laubhütte auf der heimischen Linde und damit in den Hof meiner Kindheit versetzt zu fühlen. Es war ein breiter, vor allem aber in die Länge gezogener, rechteckiger Hof, in dem keine Blumen zu sehen waren und der einen unpersönlichen, recht ungepflegten Eindruck machte. Verschiedenartige Nachbarn wohnten hier, einige in dem Gebäude, das sich über die Treppen an der Außenwand zur Straße hinzog, andere in den niedrigen, eher viereckigen Häusern im Hinterhof, die im Sommer fast gänzlich verdeckt wurden von riesigen Margaretenbüschen. Eine Ecke des Hofes – in deren Nähe sich eine Scheune befand, zusammengeflickt aus alten Brettern und mit einem Dach aus Teerpappe, wo kaputte Fahrräder abgestellt wurden und die zur Werkstatt einer Firma neben dem Tor gehörte – war bewohnt von einer Hündin und ihrem Nachwuchs, der, nachdem er uns mit dem außergewöhnlichen Spektakel seiner explosiven und berührenden Kindertage einige Monate erfreut hatte, an umliegende Haushalte verschenkt wurde, je nach Glück, als Hüter entlegener Weinberge oder als Rattenvertreiber. Jahrelang bemühte ich mich, die erschreckten Hunde zu bewegen, hochzusteigen in mein Paradies aus Laub, das nur von unsympathischen Katzen heimgesucht wurde, die mit ihrem wippenden Schnurrbart elegant auf den Pfotenspitzen vorbeispazierten. Die Tatsache, dass mir dies nie gelang, entmutigte mich nicht, es verstärkte das angenehme

Gefühl, das erwuchs aus meiner grenzenlosen Vereinsamung und Verlassenheit, vielleicht auch aus meiner Einzigartigkeit.

Von der Außenwelt blieben mir nur die Bücher, die ich der Reihe nach vom Dachboden zu mir hochschleppte und sie dann atemlos verschlang. Dass ich nicht alles verstand, machte die Lektüre umso spannender. Stundenlang saß ich in äußerst prekärem Gleichgewicht unbewegt und starr da, die Beine über einen Ast geschwungen, den Rücken an einen anderen gelehnt, und las gierig eine Seite nach der anderen. Auf wunderbare Weise schloss sich die Lücke, die jene herausgerissenen und verbrannten Seiten hinterließen. So verliebten sich jäh Personen, die kaum geboren waren, oder sie starben in hohem Alter kurz nach der Geburt. Geschichten, die Jahrzehnte übersprangen, mussten herhalten für Argumente, deren Schlussfolgerungen die fehlenden Seiten bargen. Ich wusste, dass hunderte von Seiten fehlten aus den Büchern, die ich las. Seltsamerweise erinnere ich mich aber an keine deutlich erkennbare Zäsur, die den Fluss des Lesens beeinträchtigt hätte. Die schicksalhafte Unmöglichkeit, das Gesamtwerk zu erfassen, akzeptierte ich voll und ganz, ohne mich zu beklagen oder nachzuhaken, und das, was ich las – dies wird mir erst jetzt bewusst –, waren Bücher, die eher mir als ihren Autoren gehörten. Nie werde ich wissen, ob sie vollständig lesenswerter gewesen wären. Als ich die Bücher irgendwann später von neuem las, habe ich sie nicht wiedererkannt. Denn fast allen fehlte damals die Titelseite. Ab und zu kamen mir beim Lesen eines Buches manche Sätze oder Personen bekannt vor. Das war aber nur ein Gefühl, ich vermied, ihm gründlicher nachzuspüren. So wie ich sie damals gelesen und sie Zugang zu mir gefunden haben, so sollten meine ersten Bücher in Erinnerung bleiben, meine ersten Bücher, die ich damals gelesen und gleichzeitig auch geschrieben habe.

Doch siehe da! Jenseits des Zaunes bot sich meinem Blick, wie erwartet, das Abbild der Landschaften, die auf den Aquarellen wiedergegeben waren. Ich kann nicht erklären, warum ich geschrieben habe „wie erwartet". Ich weiß nur, dass ich mich sehr vorsichtig auf dem dicksten Ast des Quittenbaums vorwärtsbewegte, bis ich mich an dem hohen Zaun, den ich anstrebte, festhalten konnte in dieser so unbequemen, lächerlichen Position, in der ich mich befand. Meine Finger krallten sich fest um den Rand der hohen Bretter, während ich mit abgestützten Fußspitzen über den Zaun blickte. Und da sah ich sie, die Landschaften. Ich glaube, ich sagte deshalb „wie erwartet", obwohl ich eher hätte verblüfft sein müssen, dass ich nicht überrascht war, so, als hätte ich schon vorher gewusst, was ich sehen werde. Selbstverständlich wusste ich nichts und war trotzdem auf alles vorbereitet. Begierig betrachtete ich die Landschaft und war beinahe belustigt von der Gewissenhaftigkeit, mit der jede kleinste Einzelheit nachgeahmt wurde: das Haus mit den kaffeebraunen Balken, der gelbe Weg, die Pappeln.

Und ich dachte, dass der Sinn der gesamten Geschichte darin bestand, mich hierher, an diese Stelle, zu steuern. Es war offensichtlich eine Einladung. So blieb mir nichts anderes übrig, als mich, auf die Arme gestützt, in einer letzten Anstrengung hinüberzuschwingen. Ich stürzte ab und fiel in einen Blätterhaufen, der trocken und einladend raschelte. Plötzlich fühlte ich mich wie zu Hause, und die Blätter, die an meinen Haaren klebten und an meinen Kleidern, bestärkten dieses Gefühl. Es war aber kälter als jenseits des Zauns. Die Jahreszeit war fortgeschrittener. Oder vielleicht war es einfach nur später. Ich ging in Richtung jenes Hauses, von dem ich annahm, dass es mir gehört oder mindestens von niemand sonst bewohnt ist. Die Tür war abgeschlossen, der Schlüssel lag am äußersten Rand des hölzernen Fenstersimses, und es war, wie ich ahnte (wieder dieser angenommene, unbeabsichtigte Vorsatz!), ein sehr altmodischer Schlüssel aus Gusseisen mit komplizierten Verzierungen und viel größer als nötig. Ich drehte ihn im Schloss herum mit einer Leichtigkeit, als täte ich es nicht zum ersten Mal. Die Einrichtung drinnen war sehr einfach – ein Holztisch mit einer Bank, ein Bett bedeckt mit Vliesen, ein Ofen. Obwohl überall dicker Staub lag, konnte man erkennen, dass hier vor längerer Zeit eine Menschenhand am Werk gewesen war. Neben dem Ofen, entlang der Wand, waren statt der Holzscheite Bücher aufgeschichtet, wie ich sie auf unserem Dachboden gesehen hatte. Ich näherte mich ihnen, sie waren verstaubt, aber vollzählig. Es waren die Bücher meines Vaters vor der Verbrennungsaktion. Ich begann aufzuräumen, so, als wäre ich bei mir zu Hause, als würde ich hier für längere Zeit bleiben. Ich ging um das Haus herum und sammelte Reisig ein und machte Feuer.

Weil es allmählich dunkel wurde, zündete ich die Petroleumlampe an und hängte sie an den Dachbalken mit der Seite, an der hinter dem Zylinder der runde Spiegel befestigt war. Es war angenehm, behaglich. Erstaunlicherweise fühlte ich keinen Hunger, aber Müdigkeit. Dieser so komplizierte Tag, den ich erlebt hatte, lag schwer auf mir wie ein endloses und unerklärliches Dahinfließen der Jahre. Ich legte mich aufs harte Bett, das nach alten Brettern roch und nach Vlies, und dachte, ich werde sofort einschlafen. Ich glaube, das ist auch passiert. Plötzlich zuckte ich zusammen und wachte auf – vermutlich schon sehr bald, denn die Glut im Ofen war noch nicht erloschen –, um das Haus waren Schritte zu hören, ich erschrak aber nicht. Es konnte ja der Verwalter sein oder mein Vater oder ein anderes Wesen, das nicht zu dieser Welt gehört. Zu dieser Welt? Zu welcher von ihnen? Und ich selbst, zu welcher gehörte ich? Das Denken fiel mir schwer. Ich war sehr schläfrig. Es konnte sein, dass ich am Morgen in diesem engen Bücherflur erwachen würde oder in der schäbigen Stube der Alten oder in meinem Zimmer mit dem ewig rätselhaften Geruch von Verbranntem oder – warum auch nicht? – an dem Sommernachmittag meiner Kindheit, den Blick gerichtet auf jene zwei unruhigen Aquarelle vom Fußende des Bettes. Auch in jenem Bett hätte ich aufwachen können, in dem ich eingeschlafen bin, umhüllt vom Mief der alten und staubigen Bauerndecken und des trockenen Holzes, erschöpft und hungrig, die wirklichen Bücher meines Vaters lesend. Ich war nicht verwundert, nur unglaublich schläfrig und konnte mich jetzt nicht entscheiden, welche dieser Möglichkeiten die unerfreulichste oder vielleicht die beste für mich wäre.

Viorica Patea

Phantastisches Erzählen im Prosaband „Die vier Jahreszeiten“[1]

Während des Herbstes 1989 entwerfen Ana Blandianas Erzählungen in „Kopie eines Alptraums“[2] wie kein anderes Buch jener Zeit ein anschauliches synthetisches Bild Rumäniens in der zweiten Hälfte des 20. Jahrhunderts. Der erste Prosaband mit phantastischen Geschichten, dessen Erscheinen wegen „antisozialer Tendenzen“ zunächst von der Zensur verhindert wurde, erschien jedoch 1977 unter dem Titel „Die vier Jahreszeiten“.[3] Darin sind vier Erzählungen enthalten, deren verbindendes Element schon im Titel angedeutet wird: die Abfolge der Jahreszeiten. Die Autorin durchbricht jedoch darin die Ordnung des Ablaufs: Der Zyklus beginnt nicht, wie zu erwarten, mit dem Frühling, sondern mit dem Winter als Symbol des Ablebens, des Todes. Es folgen der Frühling als Sinnbild für das Erwachen des Lebens, das schon im Kern den Tod birgt, und der Sommer als Symbol der Zersetzung. Die Reihe endet mit dem Herbst, der gleichsam für die Jahreszeit des Ertrags und der Vergänglichkeit steht. Vieles ist seltsam in den vier Novellen, die

1 Dieser Beitrag lehnt sich an das Vorwort von Viorica Patea (Hrsg.) an: Ana Blandiana: Las cuatro estaciones. Cáceres 2008; übersetzt aus dem Spanischen von Roxana Bîrsanu.

2 Vgl. Ana Blandiana: Kopie eines Alptraums. Göttingen 1990. Zuvor gab es eine zensierte Ausgabe des Volk und Welt-Verlags; vgl. Ana Blandiana: Kopie eines Alptraums. Berlin 1988; übersetzt von Veronika Riedel.

3 Vgl. Ana Blandiana: Cele patru anotimpuri. Bukarest 1977.

jeweils betont unscheinbar mit einer alltäglichen Begebenheit beginnen, um zum Ende hin immer mehr von den Gesetzen realer Erfahrungswelten abzuweichen. Das erzählende Ich ist umgeben von einer absurden Welt, in der sich die Grenzen zwischen tatsächlichem und imaginiertem Leben, zwischen Wirklichkeit und Phantasie aufheben und sich nach neuen, eigenen Naturgesetzen formen. Im Lauf der Zeit, die zunehmend magische Qualität gewinnt, häufen sich verstörende Ereignisse, und der Leser tritt ein in eine Welt, in welcher der Grad der Phantastik immer mehr ansteigt.

Die Phantastik bei Ana Blandiana ist jedoch nicht das Gegenteil des Realen, sondern eine vielschichtigere Wirklichkeit, eine bedeutungsschwerere.[4] Sich etwas vorzustellen, heißt letztendlich, sich zu erinnern. Das ist die Schlussfolgerung, zu der Ana Blandiana gelangte, als sie begann, Prosatexte zu schreiben, eine Prosa, für die nicht nur das Erzählen einer Handlung wichtig ist, sondern Obsessionen wiederzugeben. Eine Prosa, deren Authentizität nicht darin besteht, die Realität getreu zu kopieren, sondern ihr hartnäckig einen Sinn abzuringen. Das Prosawerk Ana Blandianas setzt sich fort in dem Roman „Die Applausmaschine".[5] Die narrative poetische Sprache kennzeichnet auch diese Prosa in Form eines Poems mit Selbstbeobachtungen und Beschreibungen der Geisteszustände in Proustscher Manier,[6] wobei sie historische und ethische Verweise mit einschließt.

Die Novelle ist die geeignete Form der phantastischen Literatur.[7] Ihre poetische Sprache stützt sich auf Polysemantismus, auf die Ähnlichkeit von Objekten und Dingen, die Paradoxie, auf Am-

4 Zitiert nach dem Klappentext in ebenda.

5 Vgl. Ana Blandiana: Sertarul cu aplauze. Bukarest 1992.

6 Insbesondere wegen der fiktiven Autobiografie des Schriftstellers Marcel Proust (1871–1922); vgl. Marcel Proust: Werke. Teil 2. Auf der Suche nach der verlorenen Zeit. Frankfurt/Main 2002.

7 Vgl. Ana Blandiana: Spaima de literatura. Bukarest 2006, S. 118.

biguität, die Nebenbedeutung der Dinge, die Konnotation und das Spiel unterschwelliger Andeutungen. Mit ihren phantastischen Erzählungen gehört Ana Blandiana in die Reihe von Autoren wie Edgar Allan Poe (1809–1849), Franz Kafka (1883–1924) und Luis Borges (1899–1986), gleichzeitig ist sie beeinflusst vom magischen Realismus eines Gabriel García Márquez' (1927–2014) oder Julio Cortázars (1914–1984). Damit setzt sie die Tradition Mikhaíl Bulgakovs (1891–1940) in seinem Roman „Der Meister und Margarita" fort,[8] der auf die Phantastik zurückgreift, um das groteske Dasein in einem totalitären Staat zu beschreiben. Blandiana schöpft die Fähigkeit des Subversiven aus und bereichert die rumänische Literatur nach ihrem Rückgriff auf diese literarische Strategie.

In der Prosa Ana Blandianas ist die Realität der Ausgangspunkt des Phantastischen, das dann auftritt, wenn die Realität ins Absurde abgleitet. Die Phantastik ist gleichgesetzt mit dem Absurden des Theaters von Eugène Ionesco (1909–1994): „Phantastisch zu sein, heißt nicht, sich von der Wahrheit des Lebens zu entfernen, sondern sie zu analysieren und anhand persönlicher Erfahrungen zu zersetzen. Der Schriftsteller ist, wie jeder andere Künstler auch, eine Linse, hinter der die Dinge wiederhergestellt werden, umgeformt, anders als in der Realität. Aber genau diese Zweideutigkeit der Dinge ist notwendig, um die Realität zu verstehen."[9]

Die Phantastik dient der Autorin, die Realität infrage zu stellen und den illusorischen Charakter jener „Wahrheiten" zu analysieren, die der Kultur von den Herrschenden aufgenötigt wird. Zugleich stellt sie die Gültigkeit einer Ideologie infrage, deren Aufgabe sich auf konsequente Verfolgung Andersdenkender und letztendlich auf Machterhalt beschränkt. Durch subtile Andeutungen machen die Novellen Ana Blandianas auf das aufmerksam, worüber im

8 Vgl. Mikhaíl Bulgakov: Der Meister und Margarita. Roman. München 2014.

9 Blandiana: Anotimpuri (Anm. 3).

Kommunismus verboten war zu sprechen, geschweige Kritik zu üben: Zerstörung von denkmalgeschützten Häusern und Kirchen, Trostlosigkeit der sozialistischen Wohnviertel, Rationalisierung von Strom, Heizung und Lebensmitteln, Zerstörung von verbotenen Büchern. Ihre Metaphern sind ein Balanceakt zwischen poetischer Reflexion und der beschworenen Realität und bauen auf den Leser als Komplizen, um den Sinn zu vervollständigen.

Mit der Phantastik bricht sie in die reale Welt ein, untergräbt die allgültigen und unverrückbaren Gewissheiten des materialistischen Positivismus und begehrt gegen die Forderungen der herrschenden Weltanschauung auf, alles Subjektive, Übernatürliche, Mirakulöse sowie Intuitive zu verbannen. Gleichzeitig ist Ana Blandiana von der Unteilbarkeit des Realen überzeugt. Die Phantastik stellt keinen Bruch der realen Welt dar, sondern deren Ergänzung. Ihr einzigartiger Erzählkosmos entfaltet sich entlang der Grenze zwischen Real und Imaginär. Die Phantastik nimmt Bezug auf das Reale, während sich das Wundersame an der Realität misst. In ihrem Werk ist somit die Realität Grundlage der Phantastik.

Obwohl der Band vier Geschichten enthält, zwischen denen scheinbar keine Verbindung besteht, so bilden die Novellen der „Vier Jahreszeiten" von 1977 genau wie auch „Entwürfe der Vergangenheit"[10] von 1982 eine Einheit und gehören zu den sogenannten „Zyklen",[11] „Erzählfolgen"[12] oder „Zusammengesetzte Erzählungen"[13] in der Art jener *short stories* von James Joyce (1882–1941) in

10 Vgl. Ana Blandiana: Proiecte de trecut. Bukarest 1982.

11 Vgl. Ingram Forrest: Representative Short Story Cycles of the Twentieth Century. Studies in a Literary Genre. Mouton 1971.

12 Vgl. Robert Luscher: The Short Story Sequence, in: Susan Lohafer (Hrsg.): „An Open Book". Short Story Theory at a Crossroads. Baton Rouge 1989, S. 148–167.

13 Vgl. Rolf Lundén: The United Stories of America. Studies in the Short Story Composite. Amsterdam 1999.

„Dubliners“ von 1914,[14] Sherwood Andersons (1876–1941) „Winesburg Ohio“ von 1919[15] oder Ernest Hemingways (1899–1961) „In unserer Zeit“ von 1925,[16] William Faulkners (1897–1962) „Go Down Moise“ von 1942[17] oder Eudora Weltys (1909–2001) „Die goldenen Äpfel“ von 1949.[18] Die generische Besonderheit der Zusammensetzungen besteht in den textlichen Strategien, Interrelationen, dem Aufbau, den Themen und den immer wiederkehrenden Strukturen und Symbolen, die die einzelnen Geschichten zusammenhalten. Ähnlich der Zyklen von Sonetten in der Musik oder in der Lyrik, kommt die Strategie dieser Erzählfolgen jenen Kompositionen gleich, die wiederkehrende Strukturen aufweisen und sich durch progressive Themenentwicklung und Leitmotive kennzeichnen.

Die vier Novellen, überschrieben mit den Titeln „Die Kapelle mit Schmetterlingen“ (Winter), „Liebe Vogelscheuchen!“ (Frühling), „Die geschmolzene Stadt“ (Sommer) und „Kindheitserinnerungen“ (Herbst), machen auf diese Weise Verborgenes im Realen sichtbar. Die Ich-Erzählerin wandert durch verschiedene imaginäre Landschaften, in die immer wieder – verfremdet, unheimlich, bedrohlich – die reale Welt einbricht, und wird Zeugin seltsamer, fast irrealer Geschehnisse und Begegnungen. Sie bummelt durch die Stadt, Parks, Friedhöfe oder läuft entlang eines Meeresstrandes. In einem kontinuierlichen und assoziativen Bewusstseinsstrom reflektiert sie über das Gesehene mit dem Gefühl, es müsse etwas Eigenartiges, Ungewöhnliches und Seltsames geschehen. Immer tiefer

14 Vgl. James Joyce: Dubliner. Frankfurt/Main 1969.

15 Vgl. Sherwood Andersons: Winesburg, Ohio. Roman um eine kleine Stadt. Frankfurt/Main 1958.

16 Vgl. Ernest Hemingway: In unserer Zeit. 15 Stories. Frankfurt/Main 1994.

17 Vgl. William Faulkner: Das verworfene Erbe. Stuttgart 1964.

18 Vgl. Eudora Weltys: Die goldnen Äpfel. Roman. Stuttgart 1992.

tritt sie in die mysteriöse Welt des Traums oder Albtraums ein und wird sich so der eigentlichen tieferen Bedeutung der unmittelbaren Wirklichkeit bewusst.

Die Schwelle vom Wirklichen zum Phantastischen überschreitet das erzählende Ich beim Eintritt in eine verlassene Kapelle, in der es schneit und Schmetterlinge herumschwirren; beim Betreten eines frühlingshaften Friedhofs, gelegen mitten in einem Wohnviertel mit modernen Bauten; beim Bummeln durch eine Stadt, die nahe am Meer gelegen, zerschmilzt, und schließlich beim Eintreten in ein sich architektonisch stets veränderndes Lager mit verbotenen Büchern. Immer wieder trifft sie auf seltsame und beunruhigende Gestalten: auf einen aus der Zeit gefallenen Alten und volljährige Kinder, die sich in fliegende Insekten verwandeln, einen christusähnlichen, engelhaften Geliebten als Bote, einen toten Delfin oder einen kafkaesken Verwalter. Spannung in den Geschichten entsteht aus dem konstanten Schuldgefühl der Protagonistin gegenüber einer vereinfachten Auslegung der Wirklichkeit. Sie fühlt sich verantwortlich für das unheimliche Geschehen, will Zeugnis ablegen und sich dem Bösen in der Welt widersetzen. Die Welt offenbart sich ihr als undurchschaubare Metapher und gleichzeitig als furchterregende Realität, über die eine dringliche Gefahr schwebt. Die Protagonistin der Geschichten versucht verzweifelt, sich die Angst auszutreiben und das schlafende Gewissen der anderen angesichts der kollektiven Bedrohung wachzurütteln. Das Grausen wird erzeugt durch die hinterhältige Invasion einer Ideologie, deren schöner Schein trügt und die Integrität der Menschen untergräbt. Doch eine Welt, in der es keine Solidarität gibt, bleibt unbeeindruckt von moralischen Imperativen.

Der Erzählstil Ana Blandianas vereint nachdenkliche, bekenntnishafte, auch tagebuchartige Aufzeichnungen, die Abstecher ins Traumhafte, Visionäre vornehmen. Bezüge zum Historischen und Sozialen sowie zum Autobiographischen sind dabei unverkennbar.

Während die Parabel „Die Kapelle mit Schmetterlingen“ die Auswirkungen eines faszinierenden Ereignisses aufdeckt, wo geistige Werte verfälscht und Individuen auf das Niveau fliegender Insekten degradiert werden, ist „Liebe Vogelscheuchen!“ ein unschuldiges Plädoyer, das auf das Gewissen all jener einredet, die im Dienste der repressiven Kräfte stehen. Die geschmolzene Stadt ist die apokalyptische Vision einer Welt, die wegschmilzt unter einer glühend roten Sonne, Wahrzeichen einer neuen Ordnung und einer neuen Ideologie. Wegen fehlender moralischer Leitfäden führt diese zum Niedergang einer Zivilisation und zum Weltende. Von allen Erzählungen hat „Kindheitserinnerungen“ die stärksten realhistorischen Bezüge, sie greift auf das sich fortsetzende Zeitgeschehen der fünfziger Jahre zurück. Die Verbrennung der Bücher, die der Vater der Erzählerin vornimmt, erinnert an die Repression des kommunistischen Regimes unter Gheorghe Gheorghiu-Dej (1901–1965), als der Besitz oder die Lektüre eines bestimmten Buches eine subversive Aktion gegen die soziale Ordnung bedeutete und mit Gefängnisstrafe geahndet wurde – während das Regime den Besitz durch die Zensur von vornherein unmöglich machte.

In der Novelle „Die Kapelle mit Schmetterlingen“ flüchtet die Protagonistin vor dem widerlichen Gestank in ihrer Wohnung auf die Straße. Sie streicht herum durch die Altstadt von Bukarest und kommt zu einem Park, wo sie zum ersten Mal eine Kapelle von nicht bestimmbarer Konfession betritt. Die Tür öffnet sich wie von selbst, als würde sie erwartet. Im dämmrigen Licht der Kirche merkt sie, dass es schneit. Der Altar war bedeckt von tausenden Schmetterlingen in irisierenden Farben und außergewöhnlichen Formen. Gleichzeitig strahlen sie etwas Feindseliges, Bedrohliches, ja Krankhaftes aus. Der seltsame Tanz dieser „beflügelten Larven“, deren rhythmische Bewegungen etwas „tiefgründig Erotisches, Lüsternes“ offenbaren, entweihen alles, was heilig ist. Am Ende bleibt das Individuum und die Welt entwürdigt, gedemütigt zurück.

Die Erzählerin ist entsetzt und fühlt sich verantwortlich, auch andere zu warnen vor den Schrecknissen einer Gefahr, die droht, allgegenwärtig zu werden und die ganze Welt zu beherrschen. Die merkwürdigen Gestalten, denen sie begegnet – ein Alter, der aus der Zeit gefallen scheint, und eine junge Frau –, bleiben von den Warnungen unberührt. Beschäftigt mit anderen, weniger gefährlichen Dingen, antworten sie stets: „Wenn es nur das wäre". Über die idyllische Landschaft schwebt etwas Beunruhigendes, Furchtbares und Zerstörerisches. Verzweifelt sucht die Protagonistin Hilfe im naheliegenden Theater. Dort wohnt sie einer Vorstellung bei, wo die Tänzer bewusst die Bewegungen der Schmetterlinge nachahmen. Die Zuschauer sind wie hypnotisiert von dieser sinnlich morbiden Schau und lassen sich vereinnahmen, so dass sie ihre Individualität aufgeben und sich einer gesichtslosen Masse einfügen. Sie verwandeln sich in Roboter, die mechanisch applaudieren, um das Wohlwollen dieser neuen Macht zu erringen, Macht, deren Einfluss in „einer Welt, die von fliegenden Farben mit vor Wollust vergifteten Augen", von „bedrohlicher Sinnlichkeit" und „unerklärlicher Lüsternheit" immer größere Dimensionen annimmt. Allmählich erkennt die Erzählerin, dass sie die Menschen nicht warnen kann von dieser unausweichlichen Gefahr, da diese faszinierende Ideologie sie gänzlich in Besitz genommen hat. Sie geht zurück in den Park, wo sie auf Kinder trifft, die im Schnee spielen. Diese lassen sich mit geöffneten Armen auf den Rücken fallen und hinterlassen im frischen Schnee Umrisse fliegender Insekten. Die Kinder verändern allmählich ihr Aussehen und verwandeln sich in Satyrn, in aggressive und gestürzte Ikarusse, die ihre Fähigkeit zu denken und zu sprechen, die Menschen von Tieren unterscheidet, verloren haben. „Wie unter Zwang andauernd mit dem Kopf nickend und hechelnd, stießen sie mit ausgestreckten Armen immer das gleiche, unverständliche Wort hervor." Eine dicke Schneeschicht bedeckt allmählich die gesamte Landschaft und lässt die Menschen darin verschwinden. Für die Erzählerin beginnt der Albtraum ab dem Augenblick, als sie zu Hause ankommt und wieder auf diesen unerträglichen Gestank stößt. Ihre Katze empfängt sie mit einem zähflüssigen Schmetterling zwischen den Krallen, der beste Beweis, dass die Macht bis hierher vorgedrungen ist. Wenn der Duft eines Parfüms für Reinheit steht und geistige Schönheit, dann ist Gestank Symbol von Zersetzung in einem von einer Katastrophe verwüsteten Raum.

In der griechischen Tragödie taucht Pestilenz dort auf, wo ein Frevel die naturgegebene Ordnung der Welt und ihre sozialen Strukturen missachtet. Sie breitet sich aus wie eine ansteckende Krankheit, bis ein außergewöhnlicher Held auftaucht und die gerechte Ordnung wiederherstellt.[19] Pestilenz in der Bibel bezieht sich auf übel riechenden Gestank, der wie auch in der Gral-Literatur,[20] in Dantes Hölle[21] oder in den Sümpfen John Bunyans (1628–1688)[22] den moralischen Verfall, hervorgerufen durch Lüge und Scheinheiligkeit, symbolisiert.

„Liebe Vogelscheuchen!“ gestaltet sich zum Abenteuer einer Eingeweihten, die genau jenen Augenblick der wundersamen Verwandlung des Frühlings einfangen möchte in einer modernen Stadt, in der Beton den Platz der Natur einnimmt. Und um die Eruption der Pflanzenwelt im Frühling mitzubekommen, geht die Protagonistin auf den Markt, wo sie eine mystisch erotische Begegnung hat mit einem jungen, fremden Mann, den sie kennt, bevor sie ihn wiedererkennt. Sie lässt die absurde Nachstellung dieses rätselhaften Boten über sich ergehen, eine sich aufopfernde Gestalt, die im Dunkel dieser Welt aufgetaucht ist. Misstrauisch möchte sie dieses

19 Vgl. Ludwig Preller: Griechische Mythologie. Theogonie – Die Götter. Berlin 1854.

20 Vgl. Ingeborg Dillenburger: Die Gralsagen – ihre Wurzeln und ihre Wandlungen. Hamburg 2010.

21 Vgl. Dante Alighieri (1265–1321): Die göttliche Komödie. Köln 2014.

22 Vgl. John Bunyans: Pilgerreise zur seligen Ewigkeit. Lahr 1996.

Wesen, eine Art Alter Ego des Orpheus, das nicht Mann und nicht Frau ist, nicht alt und nicht jung, auf die Probe stellen, verursacht einen Unfall und verliert es aus den Augen. Dieses Treffen zielt auf die Begegnung mit dem Tod. Ihm gegenüber scheint die Arroganz der Macht lächerlich. Im Friedhof, wo der Tod und das Leben siegreich sind, entdeckt die Erzählerin zwischen den Gräbern Blumenkinderengel von der Größe einer Erbse, die ihr das Geheimnis der Existenz verraten. Das Besondere an diesem Frühlingstag ist die suggerierte Ausgeglichenheit zwischen Mensch und Natur, zwischen Werden und Vergehen, Leben und Tod. Ana Blandiana betrachtet den Tod nicht als ein tragisches Ereignis, sondern als Etappe auf dem Weg zu einer Regeneration und einem neuen Werden. Schließlich wird sich der Leser bewusst, dass der gesamte Text ein an die Vogelscheuchen gerichtetes Plädoyer ist, in der Hoffnung, dass diese aufhören, das Geheimnis des Lebens, der Natur, der Menschen zu entstellen: „Ich begann zwischen euch zu laufen, euch zu kitzeln, euch anzuflehen, dass ihr verschwinden möget, um mir das freie Feld sowie den unberührten Frühling zu überlassen."

Die Erzählerin verspürt keinen Hass ihnen gegenüber, sondern ein verzweifeltes Unvermögen, sie zu verstehen. In ihrem Plädoyer appelliert Blandiana an ihre vielleicht doch noch irgendwo im tiefsten Inneren verborgene Menschlichkeit: Diese Apologie der Freiheit ist ein Aufruf an alle, die in Diktaturen im Dienst der repressiven Kräfte stehen, um sie zu überreden, auf ihre Machtausübung zu verzichten. In ihrer grotesken, absurden Unwirklichkeit der Position der Mächtigen werden sie jeglicher Menschlichkeit beraubt. Durch ihr Handeln schänden sie sowohl das Leben als auch die Natur – *contra naturam.*

„Ihr seid hässlich und armselig, eine klägliche Nachbildung von Menschen, ein lächerlicher Ersatz von Furcht. Ihr seid lächerlich und erschreckend. Ihr seid in der Wirklichkeit verankert und die fürchtet sich vielleicht vor euch. Aber die Unwirklichkeit? Und die Träume, die Halluzinationen, die Wunder, derer ich ohne Unterlass

Zeuge bin? Es stimmt, ihr habt mir das Feld genommen, aber was könnt ihr gegen die unzählbaren Felder tun, die ich mir jederzeit vorstellen kann? Wie könnt ihr die Vögel in meiner Vorstellung erschrecken, wie könnt ihr den in meinem Traum wachsenden Weizen welken lassen, und die Bienen aus meiner Vorstellung verscheuchen? Ich sehe euch an und glaube nicht, dass ich euch hasse. Ich empfinde nur Mitleid für euch, jene schmerzliche Verachtung, auch wenn es euch gelingen könnte, mich zu besiegen. Und trotzdem kann ich mich nicht von eurem Gesicht lösen, gefesselt nicht vom Bösen, das ihr verursacht, sondern von der Unmöglichkeit, es zu verstehen. Warum tut ihr das?“

1992 – drei Jahre, nachdem der Eiserne Vorhang gefallen war – adressierte Gabriel Liiceanu (*1942), einer der bedeutendsten rumänischen Philosophen der Gegenwart, ein Appell an die ehemaligen Offiziere der Securitate, dessen Schrift „Appell an die Schurken“[23] den Titel Ana Blandianas Novelle von 1977 entlehnt.

Das Sakrale dieser Frühlings-Tagundnachtgleiche ist enthalten in dieser tiefen Verbundenheit von Leben und Tod als wunderbarer Beweis für Perfektion und Harmonie. Der Tod erhält die Aura einer Einweihung als Beginn einer neuen geistigen Existenz, wie es Mircea Eliade (1907–1986) in „Mythes, rêves et mystères“ veranschaulicht.[24] Nach dieser Offenbarung läuft die Protagonistin hinaus aufs Feld wie zu einer „Rettung“. Genau wie in Walt Whitmans (1819–1892) berühmten Gedicht „Grashalme“ ist der intensive, wilde Duft der Kräuter „die Essenz der Freiheit“.[25] Der Ruf der Natur, hinaus ins Feld zu folgen, ist der Ruf in die Freiheit. Diese überschwängliche Explosion der Lebensenergie wird gebremst von einer

23 Vgl. Gabriel Liiceanu: Apelul către lichele. Bukarest 1992.

24 Vgl. Mircea Eliade: Mythes, rêves et mystères. Paris 1957, S. 273–279. Auf deutsch: Mircea Eliade: Mythen, Träume und Mysterien. Salzburg 1961.

25 Vgl. Walt Whitman: Grashalme. Stuttgart 2013.

Armee Vogelscheuchen. Mit ausgestreckten Armen beherrschen sie das Feld, eine doppeldeutige Geste, die sowohl Umarmung als auch Fluch bedeuten kann. Ihre langen Mäntel bedecken den „Horizont“ und die riesigen Hüte verdunkeln den Himmel und machen ihn unsichtbar. Die Natur an sich scheint durch die Anwesenheit der Vogelscheuchen öde und leer und die „Ährenhalme beginnen sich zu neigen“. Ihre groteske Präsenz stellt die Allegorie aller repressiven Kräfte dar, die das Individuum unterwerfen. Albern und furchtbar symbolisieren sie die Leere und Leblosigkeit all jener, die auf Menschlichkeit verzichtet haben, um andere zu unterwerfen.

„Die geschmolzene Stadt“ ist eine apokalyptische Vision. Unter der brütenden Hitze der Sommersonne löst sich die Welt auf in eine dickflüssige Masse mit strahlenden Farben. Einzige Überlebende ist die Erzählerin selbst, auserwählt, Zeugnis abzulegen von diesem Weltende. Die Handlung umfasst einen einzigen Tag. Sie beginnt mit der Beschreibung des Sonnenaufgangs und der Rivalität zweier Sonnen: jene, die sich, von Erfolg gekrönt, am Himmel erhebt – immer strahlender, immer königlicher, objektiv über die Welt triumphierend – und der „toten Sonne“, die im Wasser erlischt. Der Kampf zwischen den zwei Sonnen endet mit der Agonie der einen und dem Sieg der anderen. Die Sonne gewinnt, die ihren Willen durchsetzt, die Welt grausam zu beleuchten, ohne Mitleid, den süßen und geheimnisvollen Schatten zu vertreiben und die Dinge nackt und schutzlos zu hinterlassen. Surrealistisch dehnen sich die Mauern der Stadt aus und ziehen sich zusammen, die zähflüssige Bibliothek übergießt sich auf den Teppich, die Häuser schmelzen an den Straßen, die sich in Flüsse verwandeln, deren Magma aus dem Flussbett steigt und alles verschlingt, Menschen ebenso wie Dinge. In diesem Bild des Weltuntergangs endet der Himmel. Er ist auf die Erde geflossen.

Das letzte Gebäude, das verschwindet, ist symbolträchtig – ein Dom. In diesem endzeitlichen Bild zergeht der Himmel und „floss auf die Erde“. Die Welt löst sich auf, weil ihr die moralischen und ethischen Grundlagen fehlen. Das Vorspiel dieses Kollapses ist die Zerschmelzung der Bücher in der Bibliothek, das Zerrinnen der Buchstaben, die letztendlich den Verfall des Denkens verursachen. Die geschmolzenen Bücher führen zur Errichtung einer Welt, in der das Gute und Böse nicht mehr existieren. Die Zersetzung des Universums ist gleichnishaft für ein Gewissen, das in seltsame Schläfrigkeit versinkt wegen Nachlässigkeit, Gleichgültigkeit und einer geistigen Erschöpfung, die Besitz nehmen von den Bewohnern. Die Welt geht unter, da die Bevölkerung von moralischer Lethargie und Gleichgültigkeit beherrscht ist und sich in eine einheitliche Masse verwandelt, die immun ist gegen Schmerz, Furcht, sogar gegen den Tod, und unbewusst diese Konfusion in Jubel umwandelt. Sie geht unter auch wegen fehlender Solidarität, von der die Gesellschaft betroffen ist mit Menschen, die aus dieser Lethargie nicht erwachen wollen, die unfähig sind, sich oder andere zu schützen.

Ana Blandianas Texte sind immanent moralisch. Sie plädiert für einen höheren Sinn, eine übergeordnete Autorität. Bis in den Träumen hinein wird hartnäckig ein intakter Kern bewahrt, eine Art Urteil, nicht des Geistes, sondern der Materie. Vor den Anforderungen des Gewissens verliert der Traum seine romantische Konnotation, Bestandteil des Traumes ist nicht mehr die melancholische Reflexion, die den Tiefen der Seele entspringt, sondern eine schuldhafte Flucht vor der Wirklichkeit, sich der moralischen Verantwortung zu stellen. Nach dem endlosen Tag wird der Zeugin dieses Kataklysmus bewusst, dass sie als einziger Zuschauer am Leben geblieben ist, um das Wunder zu bestaunen und zu applaudieren. Trotzdem möchte sie nicht Komplizin dieses Spektakels von vernichtender Schönheit sein und greift in das vorherbestimmte Ereignis ein. In einem Austausch der Elemente opfert sie ihr Leben, um das des unschuldigen Delfins zu retten, der von Menschenhand verletzt wurde.

In der Novelle „Kindheitserinnerungen" spielen Bücher und deren Zerstörung die zentrale Rolle. Die Protagonistin erhält die

Aufgabe, einige Bücher aus einem Lager mit verbotenen Büchern am Stadtrand von Bukarest abzuholen. Während der Fahrt dorthin wird sie von einer unerklärlichen Vorahnung erfasst. Die autobiographischen und historischen Elemente werden schon im Titel angedeutet. In den Jahren 1975 bis 1977 hat die Autorin Ana Blandiana wie auch die Erzählerin in der Geschichte in einer Bibliothek gearbeitet. Die Szene, in der sie ihrem Vater hilft, die Bücher zu verbrennen, stammt aus unterdrückten Kindheitserinnerungen der Autorin. Ana Blandianas Vater, ein orthodoxer Priester, wurde mehrmals von den Kommunisten als „Volksfeind" verhaftet. Aus Angst vor neuen Repressionen vernichtete er „verdächtige" Bücher seiner Bibliothek. Das war in den fünfziger Jahren kein Einzelfall. Der Sprung in die Irrealität wird vollzogen vom Eindringen der Protagonistin in ein Bücherlager, das gleichzeitig auch ein Lager des verbotenen Denkens ist. Es gelingt ihr nicht, den mysteriösen Verwalter zu treffen und auch nicht den Deus Absconditus (versteckten Gott) dieses Universums, aber sie lernt eine alte Frau kennen, die ununterbrochen Wäsche schrubbt (so, als wolle sie die Flecken der Geschichte reinwaschen). Phantastische Elemente sind bezeichnenderweise die zwei Aquarelle aus dem Schlafzimmer der Erzählerin in dieser Geschichte, deren bedeutungsschwere Landschaften sie seit ihrer Kindheit begleiten, die Bibliothek des merkwürdigen Lagers mit einer endlosen Leiter und elastischen Fluren, wo die Bücher magische Landschaften freigeben, das Versteck zwischen den Ästen einer Linde, von wo aus das Mädchen den Vater beobachtete und wo sie am Ende der Novelle die auf wundersame Weise aus dem Feuer gerettete Bücher wiederfindet. Das Ende der Geschichten bleibt offen und enigmatisch. Es vermittelt dem Leser den Eindruck, dass er eine wichtige Botschaft erhalten habe, deren Bedeutung er zunächst nicht versteht, so dass er die Texte von neuem lesen müsste.

Obwohl das literarische Werk Ana Blandianas eine Art Spiegel des Totalitarismus ist,[26] sind ihre Texte vom Glauben an das Schöne, Gute und Wahre als empfehlenswerte Wege der Erlösung durchdrungen. „Liebe Vogelscheuchen!" vermittelt die Überzeugung, dass Liebe sich dem Bösen zu widersetzen vermag, selbst in der Seele der Henker. In „Die geschmolzene Stadt" wird das apokalyptische Ende wettgemacht durch die Schönheit des Augenblicks. Und „Kindheitserinnerungen" verweist auf die tragische Vergangenheit, während die Wahrheit und die geistigen Werte unangetastet bleiben.

Heute erscheint es unglaublich, dass eine Bibliothek oder einfach die Lektüre eines Buches in den Augen der Kommunisten ein Vergehen mit dem Zweck der Destabilisierung der sozialistischen Ordnung darstellt und mit Gefängnisstrafe geahndet wurde. Wie zu Inquisitionszeiten hat 1945 das seit kurzer Zeit an die Macht gekommene kommunistische Regime die Liste der „Verbotenen Bücher" erstellt.[27] Auf dieser Liste standen tausende von Buchtiteln, die stets anwuchsen und 1949 bereits achttausend Titel umfasste. Zu den verbotenen Titeln gehörten auch die Bücher von rumänischen klassischen Autoren des 19. und 20. Jahrhunderts – Vasile Alecsandri (1821–1890), Mihail Kogălniceanu (1817–1891), Mihai Eminescu (1850–1890), George Coşbuc (1866–1918), Ion Creangă (1837–1889), Ion Slavici (1848–1925), Titu Maiorescu (1840–1917), Nicolae Iorga (1871–1940) –, deren Werke nicht in das Idealbild der marxistisch-leninistischen Ideologie passten oder sich nicht in die umgedeutete Version der Geschichte Rumäniens einfügen ließen, die von den kommunistischen Führern erfunden worden war. 1949 wurde die Zensur eingeführt und ein Jahr später – 1950 – wurde eine große Zahl von verbotenen Büchern aus den Bibliotheken des

26 Monica Papazu: Oglinda totalitarismului în opera Anei Blandiana, in: *Cultura* 5(2010)42/43, S. 16 f.

27 Das Gesetz Nr. 346 wurde am 2. Mai 1945 erlassen.

Landes entfernt. 1960 wiederum wurden die Bücher in sogenannte „D"- und „S"-Gruppen eingeteilt, die nur mit Spezialausweisen gelesen werden durften.

Ana Blandiana, die 1942 in Temeswar geboren ist, traf das erste Publikationsverbot bereits im Jahre 1959, nach Erscheinen ihres ersten Gedichtes „Originalität" in der Kulturzeitschrift *Tribuna* in Klausenburg. Auf die erste Welle des kommunistischen Terrors (1948–1953), die zur Vernichtung und Eliminierung der politischen Elite führte, folgte eine zweite Welle der Verhaftungen von Intellektuellen, Studenten, Priestern, Universitätsprofessoren, denen man subversive Aktivitäten, Sabotage, feindliche Gespräche, Mystizismus oder Ablehnung des dialektischen Materialismus vorwarf. Die Mitglieder der Rumänischen Akademie wurden 1948 verhaftet. Zwischen 1946 und 1964 waren 200 Schriftsteller in kommunistischen Gefängnissen in Haft. So wurden 1960 in einem Prozess 23 Intellektuelle beschuldigt, Werke von Mircea Eliade und Emil Cioran (1911–1995), die im Ausland veröffentlicht wurden, gelesen zu haben.[28] Ihnen wurde „feindliche und subversive" Gesinnung sowie Umsturzabsichten gegen das kommunistische Regime vorgeworfen. Die Schriftsteller Constantin Noica (1909–1987) und Dinu Pillat (1921–1975) wurden zu 25 Jahren Gefängnis verurteilt und verloren ihre Zivilrechte sowie ihr Vermögen. 1983 ließ Ceauşescu ein Gesetz verabschieden, das die obligatorische Meldung der Schreibmaschinen verordnete: Jeder, der in Besitz einer Schreibmaschine war, musste diese zur Polizei bringen, um eine Druckprobe abzugeben. Dies diente den Behörden, um bei einer Verbreitung von Manifesten, diese zu identifizieren und die Quelle zu blockieren. Um nicht verhaftet und verfolgt zu

28 Es handelt sich um Mircea Eliade: Noaptea de Sânziene. Paris 1954; Emil Cioran: Ispita de a exista. Paris 1956; sowie die Epistel von Emil Cioran: Scrisoare către un prieten îndepărtat, in: *La Nouvelle Revue Française*, 1957.

werden, haben viele Bewohner des Landes die verbotenen Bücher in ihrer Bibliothek selbst vernichtet.

Das alles geschah in einem Land, das die Geschichte und Kultur verfälschte, um sie den ideologischen Prinzipien anzupassen. Ana Blandiana beschreibt in ihrer Geschichte „Kindheitserinnerungen" eben diese Szene, als ihr Vater die Bücher verbrannte; darunter befand sich auch ein Geschichtebuch über den Fürsten Mihai Viteazul (der Tapfere) (1558–1601), der 1601 die rumänischen Fürstentümer vereint hatte.

In der Gedenkstätte Memorial Sighet werden diese Phänomene in den Zellen des einstigen politischen Gefängnisses museal erinnert. Ana Blandianas Aktivitäten bei der Gedenkstätte für die Opfer des Kommunismus und des Widerstands – Memorial Sighet – und der Gedenkstätte in Bukarest verleihen ihrem literarischen Schaffen nachträglich noch größere Glaubwürdigkeit und existenzielle Authentizität.[29]

29 Vgl. Katharina Kilzer und Helmut Müller-Enbergs (Hrsg.): Geist hinter Gittern. Die rumänische Gedenkstätte Memorial Sighet. Berlin 2013.

Literatur

Adams, Jefferson: Strategic Intelligence in the Cold War and Beyond. The Making of the Contemporary World. London/ New York 2014.

Alighieri, Dante: Die göttliche Komödie. Köln 2014.

Andersons, Sherwood: Winesburg, Ohio. Roman um eine kleine Stadt. Frankfurt/Main 1958.

Applebaum, Anne: Der Eiserne Vorhang. Die Unterdrückung Osteuropas 1944–1956. München 2013.

Arion, George: Interview mit Ana Blandiana, in: *Flacara* vom 10.11.1977.

Bârsilă, Mircea: Introducere în poetica lui Nichita Stănescu. Pitești 2006.

Bilanz des Erdbebens in Rumänien, in: *Frankfurter Allgemeine Zeitung* vom 29.3.1977, S. 8.

Blandiana, Ana: Cele patru anotimpuri. Bukarest 1977.

Blandiana, Ana: Kopie eines Alptraums. Berlin 1988.

Blandiana, Ana: Kopie eines Alptraums. Göttingen 1990.

Blandiana, Ana: Proiecte de trecut. Bukarest 1982.

Blandiana, Ana: Sertarul cu aplauze. Bukarest 1992.

Blandiana, Ana: Somnul din somn. Bukarest 1977.

Blandiana, Ana: Spaima de literatura. Bukarest 2006.

Blandiana, Ana: Les Saisons. Le Visage Vert. Nouvelles. Übersetzung von Muriel Jollis-Dimitriu. Paris 2013.

Blandiana, Ana: Cine sint eu? (Un sfert de secol de intrebari). Cluj 2001.

Blandiana, Ana: Fals tratat de manipulare. Bukarest 2014.

Blandiana, Ana: Las cuatro estaciones. Übersetzung von Viorica Patea und Fernando Sánchez Miret. Periferica 2011.

Braga, Corin: Nichita Stănescu. Orizontul imaginar. Cluj 2002.

Breban, Nicolae: Spiritul românesc în fața unei dictaturi. Bukarest 2014.
Bukarest beschließt Abschaffung der zentralen Pressezensur, in: *Frankfurter Allgemeine Zeitung* vom 1.7.1977, S. 2.
Bulgakov, Mikhaíl: Der Meister und Margarita. Roman. München 2014.
Bunyans, John: Pilgerreise zur seligen Ewigkeit. Lahr 1996.
Bürgerrechtlerin klagt Bukarest an. Auch rumänische Dissidenten in psychiatrischen Kliniken?, in: *Frankfurter Allgemeine Zeitung* vom 4.3.1977, S. 2.
Ceaușescu gegen Emigration, in: *Frankfurter Allgemeine Zeitung* vom 29.3.1977, S. 3.
Changshan Li: Die chinesische Kulturrevolution (1966–1976) im Spiegel der deutschen und chinesischen wissenschaftlichen Literatur (1966–2008). Bonn 2010.
Cioran, Emil: Ispita de a exista. Paris 1956.
Cioran, Emil: Scrisoare către un prieten îndepărtat, in: *La Nouvelle Revue Française*, 1957.
Dalos, György: Der Vorhang geht auf. Das Ende der Diktaturen in Osteuropa. München 2010.
Deletant, Dennis: Ceaușescu and the Securitate. Coercion and Dissent in Romania. 1965–1989. New York 1995.
Deutsche Schulen verschwinden, in: *Frankfurter Allgemeine Zeitung* vom 16.9.1977, S. 2.
Dillenburger, Ingeborg: Die Gralsagen – ihre Wurzeln und ihre Wandlungen. Hamburg 2010.
Eliade, Mirca: Noaptea de Sânziene. Paris 1954.
Eliade, Mircea: Mythen, Träume und Mysterien. Salzburg 1961.
Eliade, Mircea: Mythes, rêves et mystères. Paris 1957
Evangelische Geistliche in Rumänien festgenommen, in: *Frankfurter Allgemeine Zeitung* vom 20.4.1977, S. 6.
Faulkner, William: Das verworfene Erbe. Stuttgart 1964.

Forrest, Ingram: Representative Short Story Cycles of the Twentieth Century. Studies in a Literary Genre. Mouton, 1971.

Fröhlich, Hans J.: Keine Parallelen hinter Moravita. Eine Reise durch Rumänien, in: *Frankfurter Allgemeine Zeitung*/Bilder und Zeiten vom 26.2.1977, S. 1.

Gauger, Hans: Über Sprache und Stil. Sprache als Übersetzung. München 1995.

Gipfelkonferenz über Menschenrechte gefordert. „Offener Brief" einer rumänischen Bürgerrechtsgruppe. Protest gegen alle Formen der Unterdrückung, in: *Frankfurter Allgemeine Zeitung* vom 15.2.1977, S. 2.

Goma fordert Freilassung rumänischer Dissidenten, in: *Frankfurter Allgemeine Zeitung* vom 25.11.1977, S. 1.

Goma, Paul: Ostinato. Roman. Deutsch von Marie Thérèse Kerschbaumer. Frankfurt/Main 1971.

Goma: Auch rumänische Dissidenten in Heilanstalten, in: *Frankfurter Allgemeine Zeitung* vom 17.3.1977, S. 1.

Hartnäckiger Rumäne, in: *Frankfurter Allgemeine Zeitung* vom 25.11.1977, S. 12.

Hausleitner, Mariana: Politischer Widerstand in Rumänien vor 1989, in: *Halbjahresschrift für südeuropäische Geschichte, Literatur und Politik*, Oktober 1996, S. 67–79.

Hausleitner, Mariana: Politischer Widerstand in Rumänien, in: *Horch und Guck* (1996) 2, S. 53–57.

Hemingway, Ernest: In unserer Zeit. 15 Stories. Frankfurt/Main 1994.

Joyce, James: Dubliner. Frankfurt/Main 1969.

Killy, Walther: Literaturlexikon. Autoren und Werke deutscher Sprache. Gütersloh 1988–1991.

Kilzer, Katharina und Helmut Müller-Enbergs (Hrsg.): Geist hinter Gittern. Berlin 2013.

Kunze, Thomas: Nicolae Ceaușescu. Eine Biographie. Berlin 2009.

Langer, Sarah: Zwischen Bohème und Dissidenz. Die Aktionsgruppe Banat und ihre Autoren in der rumänischen Diktatur. Chemnitz 2010.

Liiceanu, Gabriel: Apelul către lichele. Bukarest 1992.

Lo mejor de 2011. Libros, in: *Koult* vom 21.12.2011.

Lohafer, Susan (Hrsg.): „An Open Book". Short Story Theory at a Crossroads. Baton Rouge 1989.

Lundén, Rolf: The United Stories of America. Studies in the Short Story Composite. Amsterdam 1999.

Luscher, Robert: The Short Story Sequence, in: Susan Lohafer (Hrsg.): „An Open Book". Short Story Theory at a Crossroads. Baton Rouge 1989, S. 148–167.

Meier, Viktor: „Triumphalismus" Ceauşescus innen und Unabhängigkeit nach außen. Der „kleine Parteikongress" der rumänischen Kommunisten. Ziele und keine Zweifel, in: *Frankfurter Allgemeine Zeitung* vom 12.12.1977, S. 6.

Meier, Viktor: Aus 61 Ländern Erdbebenhilfe für Rumänien. Sozialistische und nichtsozialistische Staaten im Vergleich, in: *Frankfurter Allgemeine Zeitung* vom 12.4.1977, S. 8.

Meier, Viktor: Bukarest verteidigt Eurokommunismus, Moskaus These über Konterrevolution als „Fehler" verurteilt, in: *Frankfurter Allgemeine Zeitung* vom 9.9.1977, S. 4.

Meier, Viktor: Ceauşescu greift rumänische Regimekritiker und Emigranten an. Die Behörden bieten Dissidenten Ausreisegenehmigungen an. Kein Verständnis für „Volksfeinde", in: *Frankfurter Allgemeine Zeitung* vom 19.2.1977, S. 2.

Meier, Viktor: Ceauşescu verpflichtet Schriftsteller. Künftig mehr Parteilinie, aber auch ein gewisser Spielraum, in: *Frankfurter Allgemeine Zeitung* vom 1.6.1977, S. 5.

Meier, Viktor: Ceauşescu verteidigt die Industrialisierung. Der rumänische Führer kritisiert vorherrschende Konsumhaltung, in: *Frankfurter Allgemeine Zeitung* vom 15.9.1977, S. 5.

Meier, Viktor: Ceauşescus Außenpolitik bleibt selbständig. Spektakuläre rumänische Demonstrationen gerade in den letzten Wochen, in: *Frankfurter Allgemeine Zeitung* vom 17.10.1977, S. 12.

Meier, Viktor: Das Erdbeben ist für das Land eine nationale Katastrophe. Auch Sachschaden weit größer als bei den Fluten, in: *Frankfurter Allgemeine Zeitung* vom 10.3.1977, S. 7.

Meier, Viktor: Der rumänische Schriftsteller Goma seit längerem in Haft. Dem Bürgerrechtler droht jetzt ein Prozess. Visumanträge künftig nur noch über örtliche Polizeistellen, in: *Frankfurter Allgemeine Zeitung* vom 25.4.1977, S. 2.

Meier, Viktor: Geht Bukarest landesweit gegen die Dissidenten vor? Rumänischer Schriftstellerkongress verschoben. Auch zahlreiche Baptisten verhaftet, in: *Frankfurter Allgemeine Zeitung* vom 29.4.1977, S. 5.

Meier, Viktor: Streik rumänischer Bergleute?, in: *Frankfurter Allgemeine Zeitung* vom 12.8.1977, S. 3.

Meier, Viktor: Teilamnestie in Rumänien, in: *Frankfurter Allgemeine Zeitung* vom 9.5.1977, S. 2.

Meier, Viktor: Zeigt Ceauşescu wieder größere innenpolitische Gelassenheit? Die rumänische „Oppositionsbewegung“ ist weitgehend zerschlagen, in: *Frankfurter Allgemeine Zeitung* vom 21.5.1977, S. 5.

Miłosz, Czesław: Tierra Inalcanzable. Antología poética. Barcelona 2011.

Minderheitenfunktionäre geloben Ceauşescu Staatstreue, in: *Frankfurter Allgemeine Zeitung* vom 7.4.1977, S. 5.

Noch immer leben Verschüttete unter den Trümmern. Nach mehr als fünf Tagen gerettet. Rumänen sehen keine Anzeichen für neuen schweren Erdstoß, in: *Frankfurter Allgemeine Zeitung* vom 11.3.1977, S. 7.

Nur das Beben von 1940 war in der Vrancea-Zone noch etwas stärker. Damals 7,3 der Richter-Skala, diesmal Stärke 7,2. Herd in großer Tiefe. Wissenschaftler: Heftiges Nachbeben nicht zu befürchten, in: *Frankfurter Allgemeine Zeitung* vom 7.3.1977, S. 7.

Olărescu, Daniela: Die Rezeption der rumänischen Literatur in Deutschland zwischen 1945 und 1989. Frankfurt/Main 2008.

Pacepa, Ion Mihai: Moştenirea Kremlinului. Rolul spionajului în sistemul comunist de guvernare. Bukarest 2014.

Pacepa, Ion Mihai: Red Horisons. Chronicles of a Communist Spy Chief. Washington D. C. 1987.

Papazu, Monica: Oglinda totalitarismului în opera Anei Blandiana, in: *Cultura* 5(2010)42/43, S. 16 f.

Patea, Viorica (Hrsg.): Ana Blandiana: Las cuatro estaciones. Cáceres 2008.

Petrescu, Christina: The Afterlife of the Securitate. On Moral Correctness in Postcommunist Romania, in: Todorova, Maria, Augusta Dimou und Stefan Troebst (Hrsg.): Remembering Communism. Private and Public Recollections of Lived Experience in Southeast Europa. Budapest 2014, S. 385–416.

Plänkers, Tomas (Hrsg.): Chinesische Seelenlandschaften. Die Gegenwart der Kulturrevolution (1966–1976). Göttingen 2010.

Popa, Marian: Dicţionar de literatură română contemporană. Bukarest 1977.

Preller, Ludwig: Griechische Mythologie. Theogonie - Die Götter. Berlin 1854.

Proust, Marcel: Werke. Teil 2. Auf der Suche nach der verlorenen Zeit. Frankfurt/Main 2002.

Puddington, Arch: Broadcasting Freedom. The Cold War Triumph of Radio Free Europe and Radio Liberty. Lexington 2015.

Rumänien für engere Zusammenarbeit mit der EG, in: *Frankfurter Allgemeine Zeitung* vom 28.3.1977, S. 2.

Rumänien. Stumpfer Kampfgeist, in: Der Spiegel (1971)47, S. 132–137.

Rumänischer Regimekritiker Paul Goma freigelassen, in: *Frankfurter Allgemeine Zeitung* vom 10.5.1977, S. 1.

Schicksalsschlag, in: *Frankfurter Allgemeine Zeitung* vom 7.3.1977, S. 1.

Schwarz, Karl-Peter: Rumänischer Offizier Pacepa. Der Kronzeuge soll verstummen, in: *Frankfurter Allgemeine Zeitung* vom 16.11.2013.

Todorova, Maria, Augusta Dimou und Stefan Troebst (Hrsg.): Remembering Communism. Private and Public Recollections of Lived Experience in Southeast Europa. Budapest 2014.

Viktor Meier 80, in: *Frankfurter Allgemeine Zeitung* vom 30.7.2009, S. 4.

Weißgerber, Ulrich: Giftige Worte der SED-Diktatur. Sprache als Instrument von Machtausübung und Ausgrenzung in der SBZ und der DDR. Münster 2010.

Welty, Eudora: Die goldnen Äpfel. Roman. Stuttgart 1992.

West, Nigel: Historical Dictionary of International Intelligence. Lanham 2015.

Whitman, Walt: Grashalme. Stuttgart 2013.

Wilpert, Gero von: Lexikon der Weltliteratur. Stuttgart 1988.

Windgassen, Antje: Im Bund mit der Macht. Die Frauen der Diktatoren. Frankfurt/Main 2002.

Personen

Autoren

Ana Blandiana

Jg. 1942, Schriftstellerin, Studium der Rumänistik in Klausenburg, Bibliothekarin und Journalistin in Bukarest. Mitglied des rumänischen und des internationalen PEN. Gründerin und Vorsitzende der Stiftung Memorial Sighet – Gedenkstätte für die Opfer des Kommunismus und des Widerstands, Vorsitzende der Stiftung Bürgerakademie in Bukarest (Fundaţia Academia Civică).

Publikationen (deutsche Ausgaben): Kopie eines Alptraums. Berlin 1988; Die Applausmaschine. Göttingen 1993; Engelernte. Zürich 1994; Kopie eines Alptraums. Frankfurt am Main 1996; Sternenherbst. Bukarest 1999; Die Versteigerung der Ideen. Gedichte. Bamberg 2009; Uhren auf Schienen. Weilerswist 2010; In einer spanischen Herberge. Berlin 2012; Geist hinter Gittern. Berlin 2013.

Maria Herlo

Jg. 1946, aus Rumänien ausgewandert 1990. Studium der Germanistik und Rumänistik an der Universität in Temeswar. Übersetzungen von Texten Ana Blandianas aus dem Rumänischen, wie „In einer spanischen Herberge", musikwissenschaftliche Schriften, die Komponistin Professor Violeta Dinescu von der Carl-von-Ossietzky-Universität Oldenburg veröffentlicht hat, u. a. Freie Übersetzerin und Publizistin für Kulturbeiträge. Lebt in Heidelberg.

Katharina Kilzer

Jg. 1959, aus Rumänien ausgewandert 1982. Studium der Germanistik und Literaturwissenschaften an der Alexandru-Ioan-Cuza-Universität in Jassy und Bielefeld. Mitglied des Exil-PEN Deutschlands. Mitarbeiterin der *Frankfurter Allgemeine Zeitung*. Lebt in Wiesbaden.

Publikationen: Ana Blandiana: In einer spanischen Herberge. Berlin 2012 (Hrsg.); Geist hinter Gittern. Die rumänische Gedenkstätte Memorial Sighet. Berlin 2013 (zusammen Hrsg. mit Helmut Müller-Enbergs); Spirit printre gratii. Memorialul românesc de la Sighet. Bukarest 2014 (zusammen Hrsg. mit Helmut Müller-Enbergs).

Helmut Müller-Enbergs
Jg. 1960, Studium der Politikwissenschaften in Münster und Berlin. Adjungeretprofessor an der Syddansk Universitet (Dänemark). Mitglied des wissenschaftlichen Beirats des Zentrums für internationale Studien des Kommunismus in Bukarest (Centrul Internaţional de Studii asupra Comunismului) in Bukarest. Lebt in Berlin.

Publikationen: Agenţii, informatorii şi spionii STASI în Republica Federală Germania. Bukarest 1999; Geist hinter Gittern. Die rumänische Gedenkstätte Memorial Sighet. Berlin 2013 (zusammen Hrsg. mit Katharina Kilzer); Spirit printre gratii. Memorialul românesc de la Sighet. Bukarest 20014 (zusammen Hrsg. mit Katharina Kilzer); Armata din umbra. Studii asupra colaboratorilor neoficiali ai STASI. Bukarest 2015.

Viorica Patea
Jg. 1957, aus Rumänien ausgewandert 1977. Studium der Anglistik und Romanistik in Bukarest, Bonn und Virginia. Associate Professor of American Literature an der Universität Salamanca (Spanien).

Publikationen: El diario de la felicidad (Tagebuch des Glücks) von Nicolae Steinhardt. Sígueme 2007; Übersetzung ins Spanische der Bücher von Ana Blandiana: Proyectos de Pasado (Entwürfe der Vergangenheit). Periférica 2008; Las Cuatro estaciones (Die vier Jahreszeiten). Periférica 2011; Short Story Theories: A Twenty-First-Century Perspective. Rodopi 2012; Ana Blandiana: My Native Land A4 (zusammen mit Paul Scott Derrick), Bloodaxe 2015. Zurzeit arbeitet sie an einer bilingualen Edition von Ezra Pound's

Cantos ins Spanische und der Übersetzung ins Spanische der Bücher Soarele de apoi (Jenseitssonne) und Refluxul sensurilor (Reflux der Bedeutungen) von Ana Blandiana.

FSC
www.fsc.org
MIX
Papier | Fördert gute Waldnutzung
FSC® C083411

Zeitfracht Medien GmbH
Ferdinand-Jühlke-Straße 7
99095 Erfurt, Deutschland
produktsicherheit@kolibri360.de

Druck:
CPI Druckdienstleistungen GmbH
im Auftrag der
Zeitfracht Medien GmbH
Ein Unternehmen der Zeitfracht - Gruppe
Ferdinand-Jühlke-Str. 7
99095 Erfurt